MONEY
MONEY
MONEY

ÜBER DIE AUTOREN

Benoist Simmat, 1973 in Paris geboren, ist Wirtschaftsjournalist, Essayist und Autor. Er schreibt unter anderem für die Wochenmagazine *Le Journal du Dimanche* und *L'Express* sowie für die Tagezeitung *Libération* und hat in Frankreich über 30 Werke veröffentlicht.

Tristan Garnier ist ein junger französischer Illustrator. *Money Money Money* ist seine erste Graphic Novel.

MONEY
Von der Münze bis zum Bitcoin
MONEY
Die unglaubliche Geschichte des Geldes
MONEY

Szenario: Benoist Simmat
Illustration: Tristan Garnier
Kolorierung: Marie-O Galopin

Aus dem Französischen von Antje Riley

KNESEBECK

INHALT

Vorwort von Olivier Bossard, Professor der Finanzwissenschaft an der HEC Paris 7
Einleitung 11
Kapitel 1: Das »Geld« vor dem Geld 17
Kapitel 2: Das Reich der Münzen 39
Kapitel 3: Der lange Weg zum Papiergeld 65
Kapitel 4: Das Kapital von Allah & Co 83
Kapitel 5: Eldorado 105
Kapitel 6: Aufbruch in moderne Zeiten 129
Kapitel 7: Der Währungskrieg 155
Kapitel 8: Das virtuelle Zeitalter 183
Dank 205
Quellenangaben & Bibliografie 206

VORWORT

Die unglaubliche Geschichte des Geldes oder die Facetten des Reichtums (von der Frühzeit bis heute)

von Olivier Bossard
Professor der Finanzwissenschaft an der HEC Paris

Seit der Frühzeit spielt Geld eine zentrale Rolle im Handel sowie im gesellschaftlichen Leben und beeinflusst das Schicksal von Nationen. Die Geschichte des Geldes ist komplex. Sie verläuft parallel zur Entwicklung der Menschheit und reicht vom Tauschhandel über das Bezahlen mittels Muscheln und das Prägen von Münzen bis hin zu modernen digitalen Transaktionen.

Benoist Simmat und Tristan Garnier erzählen uns die Geschichte des Geldes, angefangen von den Ursprüngen bis in die Gegenwart, erzählen davon, wie sich die Vorläufer des Geldes herausbildeten und den Menschen das Leben erleichterten. Frühe Zivilisationen wie die der Assyrer und Chinesen verwendeten verschiedene Zahlungsmittel, die sich von Muscheln bis hin zu Münzen aus Edelmetall entwickelten.

Tristans präziser und lebhafter Zeichenstil veranschaulicht geprägte Münzen und schildert die ausgeklügelten Geldsysteme und innovativen Praktiken der großen griechischen und römischen Zivilisationen. Diese Fortschritte ermöglichten die Entwicklung komplexerer Volkswirtschaften, die Förderung des Handels und die Festigung der politischen Macht.

Die Leichtigkeit dieser Zeichnungen ermöglicht ihm die vertiefte Herangehensweise zur Erforschung der historisch wichtigsten monetären Umwälzungen, wie die Entstehung von Bankensystemen, die Schaffung der ersten Metallmünzen und die Währungsreformen, die mit politischen und wirtschaftlichen Revolutionen einhergingen.

Schließlich laden die Autoren zum Verständnis der jüngsten Entwicklungen ein: die Globalisierung des Handels und das Wachstum der internationalen Währungssysteme. Sie analysieren die Herausforderungen, die mit der Einführung neuer Geldformen, insbesondere der Kryptowährungen, verbunden sind, und sie zeigen zukünftige Trends auf, die die Zukunft des Geldes prägen könnten.

Analyse der Rolle des Geldes

Benoist Simmat hat uns bereits mit seinem Buch *Die unglaubliche Geschichte des Weins* Kulturgeschichte nähergebracht. Nun macht er uns die Chronologie der schwer zugänglichen Geschichte des Geldes verständlich. Wurde hier etwa wie von Zauberhand sein Bestseller im kulinarischen Bereich in die Welt der Wirtschaft übertragen?

Nein, definitiv nicht, denn Benoist geht weit über eine bloße Übertragung hinaus! Er liefert uns eine erstaunlich fundierte Studie, die den besten Vorlesungen an einer Universität oder Business School in nichts nachsteht. Denn neben der chronologischen Erzählung bietet Simmat auch eine exakte Analyse der wesentlichen Rolle des Geldes in der wirtschaftlichen, sozialen und politischen Entwicklung der Menschheit.

Aus ökonomischer Sicht bedeutet die Einführung des Geldes die Überwindung der Grenzen des Tauschhandels und stellt ein allgemein akzeptiertes Tauschmittel bereit. Es erleichtert Transaktionen, fördert den Handel und begünstigt Spezialisierung und Arbeitsteilung. Geld hat seit jeher eine Schlüsselrolle bei der Entwicklung von Finanzinstitutionen gespielt, insbesondere Banken, die die Mobilisierung von wirtschaftlichen Ressourcen und die Finanzierung von Investitionen ermöglichen.

Aus gesellschaftlicher Sicht hat Geld einen tiefgreifenden Einfluss auf staatliche Strukturen und menschliche Beziehungen. Die Anhäufung von Reichtum hat zu wirtschaftlichen Ungleichheiten geführt und die Dynamik von Macht und Prestige innerhalb von Gesellschaften beeinflusst. Der Geldverkehr hat aber auch die Interaktion zwischen verschiedenen Völkern und Kulturen erleichtert und dadurch Handel und kulturellen Austausch gefördert.

In politischer Hinsicht lässt sich erahnen, inwiefern Geld stets ein Instrument von Macht und Einfluss war und es bis heute ist. Herrscher und Staaten setzen seit jeher Geld zur Stärkung ihrer Autorität ein, finanzieren damit Kriege und beeinflussen diplomatische Beziehungen. Die Geldpolitik war immer ein wichtiges Instrument, um in die nationale und internationale Wirtschaftspolitik lenkend einzugreifen.

Ist Geld also eine Tugend? Benoist Simmat lässt sich natürlich nicht beirren. Er zeigt vielmehr, dass Geld auch Herausforderungen und Probleme mit sich gebracht hat. Wirtschaftliche Ungleichheit, Korruption, Inflation und Wirtschaftskrisen waren oft das Ergebnis schlechter Finanzpraktiken und unzureichender staatlicher Regulierung. Währungssysteme standen in einem Spannungsfeld zwischen Stabilität und Flexibilität, und Währungskrisen hatten weitreichende Folgen auf ganze Volkswirtschaften.

Sie, liebe Leserinnen und Leser, halten also ein kleines Juwel in den Händen, das all jene ansprechen wird, die die Welt um sich herum analysieren und reflektieren und sich gleichzeitig unterhalten lassen möchten.

Ein Meisterwerk!

Irgendwo in Nordeuropa ...
CLIC
CLIC
CLIC
?!
AH, SIE SIND ES!

WISSEN SIE, WER ICH BIN?
KOMMT IHNEN DIESES SYMBOL BEKANNT VOR?
MITTLERWEILE KENNT MAN DAS LOGO. DIE BERÜHMTESTE KRYPTOWÄHRUNG …
… IST DER BITCOIN! UND ICH BIN SEIN ERFINDER.

DIESE DIGITALE WÄHRUNG FINDET SICH HEUTE IN FAST ALLEN LÄNDERN DER WELT.
BEKANNT IST NUR MEIN PSEUDONYM: SATOSHI NAKAMOTO.
BLOCKCHAIN #9:
"TXID":"07442
BLOCKCHAIN #7:"
"VALUE":B
ICH VERSCHWAND VOR NUN ÜBER 15 JAHREN. SEITDEM SUCHT MICH ALLE WELT.
ICH GLAUBE, ICH WURDE ENTDECKT, ICH WARTE SCHON LANGE DARAUF.
ABER ES BLEIBT NOCH ETWAS ZEIT ...

DER BITCOIN IST DER NEUESTE AVATAR EINER DER ÄLTESTEN SPRACHEN DER MENSCHHEIT: GELD.
Seit Anbeginn der Zeit handeln die Menschen mit unterschiedlichsten Währungen.
ACTION DE CENT FRANCS
OB MUSCHEL, GOLD ODER BITCOIN – GELD ERMÖGLICHT DEN AUSTAUSCH VON WERTEN.
SIE WERDEN SAGEN, DER BITCOIN SEI DOCH NUR EINE VIRTUELLE WÄHRUNG ...
Aber Geld war immer schon virtuell.
SIE WERDEN SAGEN, DER BITCOIN SEI EIN SPEKULATIVER WERT ...
Spekulation gibt es seit den Anfängen des Kapitalismus.

ALL DAS IST GELD. SEIT JEHER UMGIBT ES UNS ÜBERALL.

VON DIESEM ABENTEUER MÖCHTE ICH IHNEN NUN ERZÄHLEN.

KAPITEL 1

DAS »GELD« VOR DEM GELD

In der Mitte des Jungpaläolithikums[1] eroberte der Homo sapiens, unser direkter Vorfahre, die Welt. Er war uns bereits sehr ähnlich.
Die kognitive Revolution[2] hatte vor mindestens 400 Jahrhunderten stattgefunden. Der Mensch war schon lange nicht mehr nur ein Tier unter vielen.

1. Jüngerer Abschnitt der eurasischen Altsteinzeit, beginnend vor etwa 45 000 Jahren bis zum Beginn des Holozäns vor etwa 11 700 Jahren.
2. Nach Yuval Noah Harari (in: *Eine kurze Geschichte der Menschheit*) etwa 70 000 Jahre v. Chr.

Bei genauerer Betrachtung ähnelten uns die Frauen und Männer von vor 300 Jahrhunderten sogar bereits erstaunlich.
ZEBU MIT »Z« ZÄHLT DREIFACH. ICH HAB DICH!
ACH, DU MACHST MICH FERTIG!
Sie kommunizierten in komplexer Sprache und tauschten Ideen aus.
Sie entwickelten neue Strategien für die Jagd und die Anpassung an ihre Umgebung.
WIR GRABEN HIER EINE GRUBE UND TREIBEN DAS MAMMUT REIN.
ABER WENN ES IN DIE GRUBE FÄLLT, BEKOMMEN WIR ES NICHT MEHR RAUS.
Sie teilten die Freude am gemeinsamen Kochen, Tanzen und Trinken.
SEIT WANN MISCHEN SICH DIE MÄNNER INS KOCHEN EIN!?
SEIT DER KOGNITIVEN REVOLUTION. SCHLÜRF!
Sie verehrten bereits eine Reihe von höheren Mächten, die unseren Göttern nahekamen.
WELCHE GOTTHEIT IST DAS NOCH MAL?
EGAL, BETE EINFACH!

Sie betätigten sich künstlerisch mit Malerei, Bildhauerei, Gesang und Musik.
KAPIERT IHR DENN GAR NIX? DAS IST KUNST!
KOMM ESSEN, WENN DU MIT DEINER KRITZELEI FERTIG BIST.
Sie nutzten natürliche Heilmittel und bestatteten ihre Angehörigen.
VIELLEICHT HAB ICH IHM ZU VIEL VON DIESEM KOMISCHEN PILZ GEGEN SEINE HÄMORRHOIDEN VERABREICHT.
ACH, MÄNNER HALTEN HALT EINFACH NIX AUS.
Sie waren sich ihrer Vergangenheit und ihrer Traditionen bewusst und hatten eine Vorstellung von der Zukunft.
SIND WIR HIER NICHT SCHON IM LETZTEN JAHR VORBEIGEKOMMEN?
JA, UND WIR WERDEN AUCH NÄCHSTES JAHR WIEDER HIER VORBEIKOMMEN. LOS, WEITER GEHT'S!
Wenn wir einen Unterschied finden müssten, wäre es wohl das Geld. Denn Geld gab es noch nicht!
WARUM GREIFST DU DENN JETZT IN DEINE TASCHE?
KEINE AHNUNG, EIN REFLEX ...
Tatsächlich wurden nie paläolithische Artefakte gefunden, die Geld nahekämen ... Funktionierte die damalige Zivilisation also ohne Geld?

DIES SCHEINT NUR SO. IN WIRKLICHKEIT GAB ES BEREITS EINE PRIMITIVE FORM VON GELD. NUR NICHT SO OFFENSICHTLICH. LASSEN SIE MICH DAS GENAUER ERKLÄREN ...
IN JENEM FERNEN ZEITALTER LEBTE DER HOMO SAPIENS IN SEHR KLEINEN GEMEINSCHAFTEN VON EIN PAAR DUTZEND, MANCHMAL EIN PAAR HUNDERT INDIVIDUEN, DIE ENG MITEINANDER VERBUNDEN WAREN. SIE STELLTEN PRAKTISCH ALLES SELBST HER, WAS SIE BRAUCHTEN.
Nahrung
ICH HAB LADY SAPIENS GEHEIRATET.
Werkzeuge
TCHIC
TCHAC
BIST DU FERTIG? ICH MUSS VOR DEM ABENDESSEN NOCH VIER ANTILOPEN ERLEGEN.
Heilmittel
DANKE, DIESEN PILZ LIEBER NICHT.
Überirdisches
WAS IST DAS!?
EIN ALLMÄCHTIGER GOTT. ER WIRD UNS IN DEN HIMMEL FÜHREN.
Alles wurde geteilt, und jeder war sich dessen bewusst, dass der andere ihm etwas schuldete, ohne dass der genaue Wert bestimmt werden musste.
DIE DA SCHULDET MIR IMMER NOCH DIE ELCHBEINE VON DAMALS.
DER WIRD SICH DOCH WOHL AN DAS MITTEL GEGEN SEINE HÄMORRHOIDEN ERINNERN, DAS ICH IHM BESORGT HAB ...
OB ICH MICH WOHL FÜR SEINEN GETREIDEBREI REVANCHIEREN MUSS ...?
WENN MORGEN DIE JAGD GUT LÄUFT, WERD ICH IHM EIN GROSSES BÄRENSTEAK GEBEN, DAS BIN ICH IHM SCHULDIG ...

Im Grunde handelte es sich um ein gesellschaftliches Schuldensystem: Immer schuldete man sich etwas gegenseitig.
BITTE, DAS IST FÜR DICH UND DEINE FAMILIE.
ICH SCHULDE IHM SCHON LANGE WAS.
ACH, DAS WÄR DOCH NICHT NÖTIG GEWESEN!
NUR KEINE EILE, DAS KANN DOCH WARTEN!

Hier die These des großen amerikanischen Anthropologen David Graeber[1].
DIESES GESELLSCHAFTLICHE SCHULDENSYSTEM IST DIE ALLERERSTE FORM DES GELDVERKEHRS.
ES IST EINE IMMATERIELLE PALÄO-WÄHRUNG.

Diese These weicht vom üblichen Kanon der Geschichte des wirtschaftlichen Denkens ab.
DESHALB IST DIE VIRTUELLE WÄHRUNG PARADOXERWEISE DIE ERSTE IN DER LANGEN GESCHICHTE DES GELDES!

1. 1961–2020.

Bis vor Kurzem glaubten Historiker, dass der erste Handel in archaischen Gesellschaften über Tausch erfolgte.
HIER, DU BEKOMMST DEN FUCHS FÜR DEN GROSSEN FISCH.
GUT, ICH KOCH IHN MORGEN, DANN IST EH FREITAG.

Realiter war es subtiler: Es gab Tauschhandel in den primitiven Gesellschaften, aber es wurde auch zwischen Individuen aus verschiedenen Clans getauscht, die sich nicht kannten.
HALLO, FREMDER, WIE WÄR ES MIT DIESEM SCHÖNEN FUCHS GEGEN DEINEN FEINEN FISCH?
HM ... WARUM NICHT? ICH ESS GERNE MAL WIEDER EIN STÜCK FLEISCH. BIN ES LEID, PESCETARIER ZU SEIN.

Es ist anzunehmen, dass sich der Tauschhandel eher auf seltene Gegenstände bezog. Erinnern wir uns, dass Homo sapiens normalerweise alles selbst herstellte, was er brauchte.
HAST DU VIELLEICHT ETWAS OCKER? MEIN SOHN ZEICHNET SO GERNE BÜFFEL UND BÄREN AN DIE WÄNDE UNSERER HÖHLE.
ICH SCHAU MAL, OB ICH NOCH WELCHEN HAB. ICH WURDE VORGESTERN VOM STAMM AUS DEM TAL AUSGERAUBT.
Walknochen
Faustkeil
Muscheln
Schmuck aus Elfenbein
kleine Venus-Figur
Obsidiane
Pigmente

Und so fanden Archäologen viele Jahrtausende später Muscheln aus dem Atlantik oder dem Mittelmeer an paläolithischen Stätten in ganz Mitteleuropa.
JA, MEINE DAMEN UND HERREN, SCHON VOR 30 000 JAHREN WURDE AUF DEM GANZEN KONTINENT HANDEL GETRIEBEN!
WIE LÄSST SICH DAS ALLES EIGENTLICH ERKLÄREN?

Die Grundlage jedes Geldverkehrs ist Vertrauen. Auch der erste Geldaustausch wurde durch das gegenseitige Vertrauen zwischen Individuen ermöglicht.
ALS HOMO SAPIENS INNERHALB DESSELBEN CLANS HATTE MAN KEINE PROBLEME UND ES HERRSCHTE BLINDES VERTRAUEN. DAS GESELLSCHAFTLICHE SCHULDENSYSTEM, DAS AUF GEGENSEITIGKEIT BERUHTE, FUNKTIONIERTE PERFEKT.
BEI MITGLIEDERN VERSCHIEDENER CLANS WAR DAS VERTRAUEN GERINGER, DAHER FAND DER TAUSCHHANDEL UNMITTELBAR STATT UND BETRAF KNAPPE GÜTER.
GEGENÜBER WIRKLICH ANDERSARTIGEN FREMDEN, Z.B. DEN ANDEREN DAMALS NOCH EXISTIERENDEN MENSCHENARTEN[1], WAR DAS VERTRAUEN HINGEGEN GERING UND DER AUSTAUSCH DAHER KOMPLIZIERT.
DIESES SCHULDENSYSTEM BLIEB WÄHREND DER GESAMTEN PRÄHISTORIE BESTEHEN. ES BESTAND NICHT DARIN, DEN WERT VON DINGEN ZU MESSEN, SONDERN VIELMEHR DARIN, DAS VERTRAUEN VON PERSONEN UNTEREINANDER ZU MESSEN.
MISSISSIPPI 2000–1000 v. Chr. Kürbis, Sonnenblumen
MEXIKO 5000–3000 v. Chr. Kürbis, Avocado, Bohnen, Mais, Baumwolle, Tabak, Hund
NAHER OSTEN 10000–9000 v. Chr. Weizen, Gerste, Schaf, Rind, Schwein, Hund
CHINA 8000–7000 v. Chr. Reis, Hirse, Schwein, Huhn, Hund
ANDEN 5000–3000 v. Chr. Chilipfeffer, Kartoffeln, Mais
AFRIKA 3000–1000 v. Chr. Sorghum, Reis, Rind
NEUGUINEA 7000–5000 v. Chr. Taro, Banane
MIT DER NEOLITHISCHEN REVOLUTION UND DER ENTWICKLUNG DER DER SESSHAFTIGKEIT VERÄNDERTEN SICH DIE HANDELSMODALITÄTEN GRUNDLEGEND.

1. Wie die Neandertaler, die vor rund 30 000 Jahren ausstarben.

HIER EIN BAUERNDORF IM NAHEN OSTEN UM 9000 V. CHR. MITTLERWEILE LEBTEN MEHRERE HUNDERT MENSCHEN SESSHAFT IN GRÖSSEREN DÖRFLICHEN GEMEINSCHAFTEN.
DIE DORFBEWOHNER WAREN NICHT MEHR ALLE UNTEREINANDER VERTRAUT, KANNTEN SICH ABER ZUMINDEST. DAS SOZIALE SCHULDENSYSTEM KONNTE EINE ZEIT LANG WEITER EXISTIEREN, EBENSO WIE DER TAUSCHHANDEL. ABER HIER ERFOLGTE ALLMÄHLICH EINE WEITERENTWICKLUNG.
WER IST DIE DA?
ICH GLAUB, SIE IST DIE NICHTE MEINES COUSINS. ODER DIE TOCHTER EINES FREUNDES MEINER FRAU.

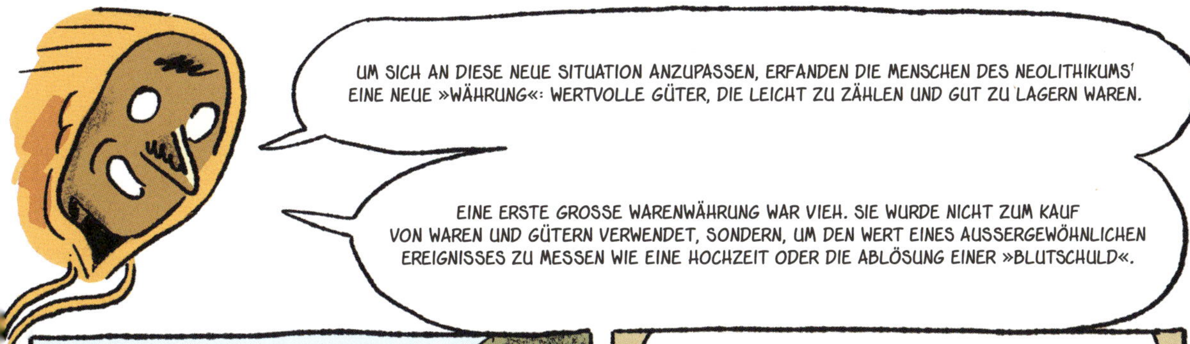
UM SICH AN DIESE NEUE SITUATION ANZUPASSEN, ERFANDEN DIE MENSCHEN DES NEOLITHIKUMS[1] EINE NEUE »WÄHRUNG«: WERTVOLLE GÜTER, DIE LEICHT ZU ZÄHLEN UND GUT ZU LAGERN WAREN.
EINE ERSTE GROSSE WARENWÄHRUNG WAR VIEH. SIE WURDE NICHT ZUM KAUF VON WAREN UND GÜTERN VERWENDET, SONDERN, UM DEN WERT EINES AUSSERGEWÖHNLICHEN EREIGNISSES ZU MESSEN WIE EINE HOCHZEIT ODER DIE ABLÖSUNG EINER »BLUTSCHULD«.

DIE HEIRAT KOSTET MICH ZWAR 40 RINDER, ABER ES IST EIN SCHÖNES PAAR.
ACH, HÖR AUF, ICH HAB DIR SCHON EINEN RABATT GEGEBEN, WEIL DEIN COUSIN DER NEFFE MEINER FRAU IST …
ALS AUSGLEICH FÜR DEN VERLUST DES ARMS VON DEINEM SOHN SCHLAG ICH VOR, DASS DIE FAMILIE DES ANGREIFERS DEINER FAMILIE IN DEN NÄCHSTEN FÜNF SOMMERN 20 RINDER ZUR VERFÜGUNG STELLT.
WAS? DER IST DOCH MINDESTENS 30 RINDER WERT!
ALLE WERDEN MICH WOHL FÜR EINEN OCHSEN HALTEN!

Einige dieser Warenwährungen setzten sich nach und nach überall durch.
Sie waren praktischer zu transportieren und sehr robust.
Ein typisches Beispiel ist die weltberühmte Kaurischnecke.

20 KAURI! DAS IST ABER VIEL FÜR EIN SCHWEIN!
WAS WILLST DU … DIE INFLATION IST WIEDER DA.
DIE KAURI WAR DER VORLÄUFER DES GELDES. SIE WURDE ZUNEHMEND AUF MÄRKTEN VERWENDET, DIE IN DEN DÖRFERN ÜBERALL IN ASIEN UND AFRIKA ENTSTANDEN. NICHT ALS KLEINGELD, DENN WEITERHIN WURDEN TAUSCHHANDEL UND DAS SOZIALE SCHULDENPRINZIP PRAKTIZIERT, SONDERN EHER, UM WERTVOLLE WAREN ZU ERWERBEN, WIE Z.B. EIN LEBENDES TIER.
Das Kaurigeld war erstaunlich langlebig: Im 17. Jahrhundert schätzte ein Sklavenhändler seine Ware immer noch in Kauris, und noch Anfang des 20. Jahrhunderts konnte man seine Steuern in einigen afrikanischen Kolonien in Kauris bezahlen.

1. Zeitepoche der Jungsteinzeit, in der sich der Mensch vom Jäger und Sammler zum Bauern entwickelte.

Die eigentliche Entstehung des Geldes geht auf das 3. Jahrtausend v. Chr. zurück, während einer allgemein unterschätzten Revolution: dem Übergang vom Dorf zur Stadt.
Und in diesen ersten Metropolen der fernen Antike kannten sich die Einwohner nicht mehr!

Aufgrund der wachsenden Bevölkerungsdichte spezialisierten sich die Menschen zunehmend in ihren Berufen. Früher waren viele handwerkliche Tätigkeiten Teilzeitbeschäftigungen gewesen. Nun wurden sie zu Vollzeitberufen.
MAN ARBEITET MIT HÄNDEN ...
... UND MIT FÜSSEN, JA, DAS STIMMT. DAS IST DAS EINZIGE, WAS ICH NOCH MACHE.
UND DA DIESE STADTBEWOHNER KOOPERIEREN MUSSTEN, MUSSTEN SIE EIN UNIVERSELLES, VON ALLEN AKZEPTIERTES TAUSCHMITTEL FINDEN, DAS AUF DEM GEGENSEITIGEN VERTRAUEN BERUHTE.
DIESES MITTEL WAR DAS GELD.

Um den Kontext zu verstehen, in dem das Geld entstand, müssen wir einen Umweg nach Sumer im antiken Mesopotamien machen, das den Archäologen wohlbekannt ist.
SUMER
Kisch
Abu Salabikh
Nippur
Adab
Zabalam
Girsu
Isin
Schuruppak
Uruk
Bad-Tibira
Larsa
Ur
Uruk war damals die größte Stadt der Welt, zwischen den Flüssen Tigris und Euphrat im heutigen Irak. Alle Berufe waren hier anzutreffen. Die Einwohner tauschten und trieben Handel, zuweilen auch mit Regionen außerhalb der Stadt.

VOR ALLEM ABER WURDE IN SUMER DIE SCHRIFT ERFUNDEN[1], ZUNÄCHST NUR AUS BUCHHALTERISCHEN GRÜNDEN. SIE BEGÜNSTIGTE DIE ENTSTEHUNG DES GELDES ALS RECHNUNGSEINHEIT.

1. Keilschrift, etwa 3400 Jahre v. Chr.

Zunächst verwendeten die Sumerer ganz einfach Gerstenkörner, ihr Hauptgetreide, als Währung.

Dafür schufen sie das Volumenmaß Sila, das etwa 1 Liter Gerste entsprach. Das erste gesetzliche Zahlungsmittel[1] der Geschichte!

1. Wert der offiziellen Währung, die von einem Staat anerkannt wird.

Dieses System ermöglichte die Zahlung der ersten festen Löhne. Einfachen Arbeitern wurden z.B. 60 Sila pro Monat ausgezahlt[2]. Verwaltern 1200 bis 5000 Sila.

Dieses Protogeld aus Gerste, der Nahrungsgrundlage, diente den Arbeitern ganz unmittelbar zum Broterwerb – indem sie es verarbeiteten und aßen!

2. Zu beachten ist, dass Arbeiterinnen einen halb so hohen Lohn erhielten, nämlich nur 30 Sila pro Monat.

Aber die Besserverdienenden konnten nicht alles Gerstengeld selbst verzehren. Daher tauschten sie es gegen andere Waren ein.

Das Gerstengeld stellte jedoch ein enormes Problem dar: Es konnte nicht unbegrenzt gelagert werden und war nicht leicht transportierbar.

EIN SCHEKEL ENTSPRICHT GENAU 8,33 GRAMM SILBER.
HIER HANDELT ES SICH UM EIN GEWICHTSMASS AUS SILBER.
DIE SUMERER LÖSTEN DIESES PROBLEM AB MITTE DES 3. JAHRTAUSENDS V. CHR. UND ERFANDEN DEN DIREKTEN VORLÄUFER VON METALLGELD: DEN SILBERNEN SCHEKEL.
Viel später wurde der Silberschekel zum Schekel, der Währung der Juden im Alten Testament. Heute ist er immer noch die Währung Israels!
1
In Mesopotamien gab es viele Silberminen. Das Vertrauen in das als wertvoll erachtete Metall war für eine allseits akzeptierte Währung unerlässlich.
Auch Gold hatte die Menschen seit dem Neolithikum fasziniert, war aber noch zu selten, um als Tauschmittel der Stadtbewohner zu dienen.
SCHAU MAL!
PFF! ICH ZIEHE MEINE SILBERSCHEKEL VOR.
Meistens wechselte der Silberschekel nicht den Besitzer. In der Oligarchie verwendete man ihn als Rechnungseinheit, um Schulden anzurechnen.
DAS SIND 10 SCHEKEL.
BEZAHL HIERMIT.
Diese Beträge wurden auf versiegelten Tontafeln notiert, die an den Inhaber gezahlt wurden und damit auch als Zahlungsmittel verwendet werden konnten.

ES GILT ZU BEACHTEN, DASS DER SILBERSCHEKEL SOWOHL EINE PROTOMÜNZE AUS METALL WAR ALS AUCH EINE BUCHHALTUNGSEINHEIT. ER WAR DAMALS DAS EINZIGE MASS, UM SCHULDEN, STEUERN, LÖHNE, GEHÄLTER USW. ZU ZÄHLEN.
BIS HEUTE IST GELD IN ERSTER LINIE EIN BUCHUNGSVORGANG. IM UMLAUF BEFINDLICHES GELD STELLT NUR EINEN VERSCHWINDEND KLEINEN TEIL DES GESAMTWERTES DES GELDES DAR.
Heutzutage sind nur zwischen 5 und 10 Prozent des Geldes in Form von Münzen und Scheinen im Umlauf. Beim Rest handelt es sich um Buchungen.
Die Bevölkerung konnte weiterhin mit als wertvoll erachteten Waren Schulden begleichen, Steuern zahlen und Sondervergütungen auszahlen.
KOMISCHERWEISE ERHALTEN WIR IMMER VIEL MEHR SÄCKE MIT GANZEN KÖRNERN ALS ZU BIER VERARBEITETE GERSTE.
KLAR! DIE TRINKEN JA ALLES WEG!
Die babylonischen Paläste und Tempel dienten als riesige Lagerhäuser, die den ständigen Warenstrom gewährleisten konnten. Dies war der Ursprung des Reichtums der Mächtigen.
ABER WAS MACHEN WIR JETZT MIT ALL DIESEN SCHÄTZEN?
NA, WIR BAUEN EINEN TURM, DER BIS IN DEN HIMMEL RAGT!
In Ägypten war das System ähnlich. Die riesigen Mengen an Getreide, die durch die Machthaber eingezogen wurden, bildeten die Grundlage für das Vermögen der Oligarchie. Die königlichen Manufakturen brauten mit Gerste und gaben Bier an die Arbeiter auf den pharaonischen Baustellen aus.
JA, DIE PYRAMIDEN WERDEN MITHILFE VON UNMENGEN AN BIER ERRICHTET!
SKLAVEN ZU NEHMEN WÄRE EINFACHER GEWESEN, ABER GUT.

Die andere große Erfindung dieser Zeit war neben dem Geld die Errichtung eines Monopols auf die Währungen.
URSPRÜNGLICH HATTEN PRIVATPERSONEN, HÄNDLER UND HANDWERKER DIE SILA ODER SILBERSCHEKEL ERDACHT BZW. HERGESTELLT.
DAS PERFEKTE MASS FÜR EINEN GUTEN DURST.
ABER SCHON BALD DRÜCKTEN DIE MÄCHTIGEN DER ENTWICKLUNG IHREN STEMPEL AUF, INDEM SIE EIN EINHEITLICHES GEWICHT UND EINE BESTIMMTE FORM VORGABEN, WIE WIR SPÄTER NOCH SEHEN WERDEN.
NEIN! WIR MACHEN DAS LIEBER ZU RINGEN.
ABER WARUM?
LEICHTER AUF EINE KETTE ZU FÄDELN.
Von Beginn an und über die gesamte Entwicklung der Geschichte des Geldes erzielten die Machthaber einen Gewinn bei der Produktion von Geld. So schickte z. B. Babylon seine Händler auf ausländische Märkte, um Getreide gegen Edelmetalle zur Herstellung von Silberschekeln zu tauschen.
WIE KANN ES SEIN, DASS WIR 100 PROZENT GETREIDE KAUFEN, DIE REISEKOSTEN SELBST TRAGEN UND NUR 90 PROZENT DES GEWINNS ERHALTEN? WARUM LASSEN WIR UNS DARAUF EIN?
VIELLEICHT, WEIL WIR NICHT GEKÖPFT WERDEN MÖCHTEN.
Die königlichen Schatzämter erhoben (schon damals!) einen Zins auf die getätigte Transaktion, die ihre Kassen füllte.
Der Beginn dieses staatlichen Geldmonopols ermöglichte es den Herrschern auch, ihre Macht zu festigen. Die babylonischen Könige konnten gelegentlich »die Tafeln löschen«, um den Bauern alle Schulden ihren Gläubigern gegenüber zu erlassen und damit soziale Unruhen zu verhindern.
WARUM KOMMST DU ERST JETZT NACH HAUSE?
ICH KANN ES KAUM ERWARTEN, DASS MEIN GLÄUBIGER MEINE FRAU PFÄNDET …
Die Armen waren genötigt, Hypotheken auf ihr Vieh, ihren Bauernhof und sogar ihre Ehefrauen und Kinder aufzunehmen, um bis zur nächsten Ernte über die Runden zu kommen.

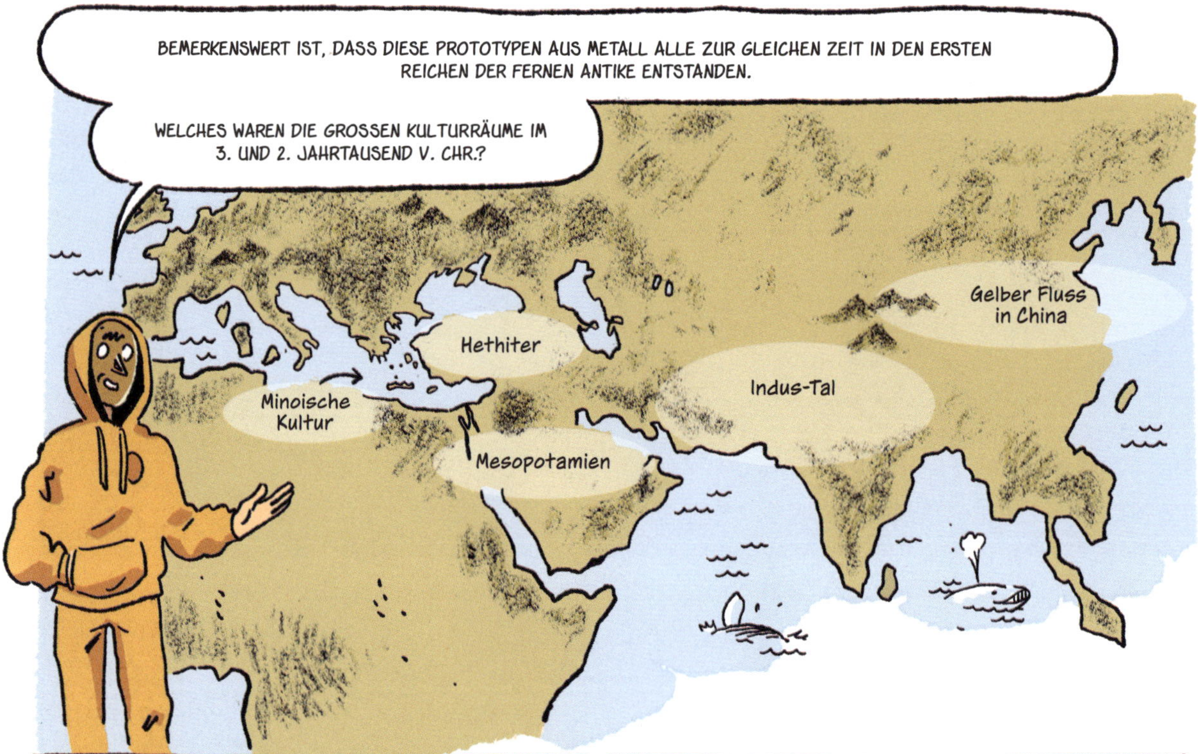
BEMERKENSWERT IST, DASS DIESE PROTOTYPEN AUS METALL ALLE ZUR GLEICHEN ZEIT IN DEN ERSTEN REICHEN DER FERNEN ANTIKE ENTSTANDEN.
WELCHES WAREN DIE GROSSEN KULTURRÄUME IM 3. UND 2. JAHRTAUSEND V. CHR.?
Hethiter
Gelber Fluss in China
Minoische Kultur
Indus-Tal
Mesopotamien

Wir kennen das pharaonische Ägypten gut dank der Hieroglyphen. Seine monetäre Entwicklung war der des Nahen Ostens recht ähnlich.
Ursprünglich war das erste ägyptische Geldmaß der Deben, eine bestimmte Menge an Getreide. Die Arbeiter nutzten es als Nahrung. Die Reichen als Geld.
WENN'S SEIN MUSS ... TROTZDEM WÜRDE ICH LIEBER IN FLÜSSIGER FORM BEZAHLT WERDEN.
DU MEINST IN BIER?
PFFF, BESSER IN WEIZEN, DER HÄLT LÄNGER.

Sehr schnell wurde aus dem Deben eine bestimmte Menge Edelmetall, er entsprach 13,6 Gramm[1]. Er wurde unterteilt in Kite, wie unser Euro in Cent.
WIR HATTEN DOCH 4 DEBEN UND 3 KITE FÜR DIESE SKLAVIN AUS SYRIEN ABGEMACHT?
SIE WURDE SEITDEM GESCHWÄNGERT. ES IST JETZT TEURER, DU BEKOMMST ZWEI SKLAVEN ZUM PREIS VON EINEM!

1. Im 3. Jahrtausend während des Alten Reichs Ägyptens, danach änderte sich sein Wert.

Zur gleichen Zeit gab es im fernen China mehrere Kategorien von Währungen, die je nach sozialem Rang verwendet wurden.
Der Adel tauschte für seine Transaktionen die wertvollsten Materialien, Perlen und Jade.
Reiche Kaufleute und Mächtige hingegen nutzten Schildkrötenpanzer oder Silber- und Goldbarren, um ihre alltäglichen Geschäfte zu tätigen.
Kleinhändler und Bauern verwendeten Kauriketten, zuweilen sogar Imitationen aus Bronze, ebenso wie Klingen oder Messer aus Bronze.
ZUR ZEIT DIESER FRÜHEN IMPERIEN WAR DIE STAATLICHE VERWALTUNG NOCH KAUM ENTWICKELT. GRUND DAFÜR WAR DIE NOCH NICHT VEREINHEITLICHTE WÄHRUNG FÜR DIE VERSCHIEDENEN GEOGRAFISCHEN GEBIETE.

Über die Zivilisation am Indus im Altertum ist uns heute nicht viel bekannt. Archäologen fanden jedoch längliche Kupferstangen, die möglicherweise die gleiche Funktion wie der mesopotamische Schekel oder der ägyptische Deben hatten.
DA DIE INDUS-SCHRIFT[1] BIS HEUTE NOCH NICHT ENTSCHLÜSSELT WURDE, WISSEN WIR NUR WENIG ÜBER DIESE GROSSE ZIVILISATION.

1. Aus Harappa (im heutigen Pakistan), der ehemaligen Hauptstadt dieses Kulturraums.

Wahrscheinlich handelte es sich auch hier um eine Protowährung. Wie bei den Hethitern in Anatolien, die ihrerseits kleine Eisenbarren verwendeten.
DAS IST ABER SCHWER! ICH HAB ES LIEBER, WENN DIE LEUTE MIT KAURIS BEZAHLEN.
DU IDIOT! MAN MÜSSTE EINE GANZE LADUNG AN KAURIS FÜR EINEN EINZIGEN DIESER BARREN BEZAHLEN!

Die Assyrer verwendeten eine Art Barren aus Blei in der Form eines Fisches. Man hat sie überall gefunden, es ist also kein Zufall!
SCHÖNER FANG!
SEHR WITZIG! KÜMMER DICH LIEBER UM DEINE WARTENDEN KUNDEN!

Die Zahlungssysteme waren also vielfältig. Eine Art dieses ersten Geldes trat zunehmend in Erscheinung: das aus Gold, Silber und auch aus Bronze gefertigte.
WIR BEFINDEN UNS ERNEUT IN EINEM MESOPOTAMISCHEN PALAST. SIE WISSEN JA BEREITS, DASS NUR DIE REICHEN VORRÄTE AN METALLEN UND EDELSTEINEN BESASSEN. SIE DIENTEN ALS SICHERHEIT FÜR DIE GEWÄHRUNG GEGENSEITIGER KREDITE, UND IN DER REGEL VERBLIEBEN SIE IN DEN KELLERN DER PALÄSTE, WO SIE AUFBEWAHRT WURDEN.
?!
HACH, IHR LIEBEN, IHR DÜRFT MICH NIE VERLASSEN!
Reiche konnten Geld auch in Schmuckstücke umwandeln – eine andere Art, Werte zu lagern.
ICH FÜRCHTE, ICH HAB NICHT GENUG FINGER!
Bauern und Soldaten hingegen wurden weiterhin mit Getreide bezahlt oder tauschten auch Vieh. Mit etwas Glück erhielten sie einmal in ihrem Leben ein Schmuckstück.
HIER! ICH HAB ES VON MEINEM VATER …
… DER ES VON SEINEM VATER HAT USW. ES IST IMMER DAS GLEICHE LIED.
Doch dann kam es im 1. Jahrtausend v. Chr. zu einer kleinen wirtschaftlichen Revolution: Diese Edelmetallbestände, die die herrschende Elite besessen hatte, verschwanden allmählich aus den Tempeln und Taschen der Reichen.
DIE MENGEN AN GOLD, SILBER UND BRONZE WURDEN NUN TAUSENDFACH ZERSTÜCKELT UND DIENTEN FORTAN ALLEN MENSCHEN ALS TAUSCHMITTEL, IN FAST ALLEN GEGENDEN DER WELT.
DIESE STÜCKE KENNEN UND NUTZEN WIR NOCH HEUTE: GELDSTÜCKE, ALSO MÜNZEN!

Byzanz
Sinope
Kios
Abydos
LYDIEN
Sardes
Ephesos
Side
ZYPERN
WIE WAR ES DAZU GEKOMMEN?
UM DAS ZU VERSTEHEN, MÜSSEN WIR UNS
IN EIN VERGESSENES ANATOLISCHES
KÖNIGREICH AUS DEM 6. JAHRHUNDERT
V. CHR. ZURÜCKVERSETZEN: LYDIEN.

KAPITEL 2

DAS REICH DER MÜNZEN

Dies ist Sardes, die Hauptstadt des antiken Königreichs Lydien in Kleinasien (in der heutigen Türkei). Hier entstanden im 6. Jahrhundert v. Chr. die ersten Münzen im eigentlichen Sinne.
LYDIEN
Sardes
DIE GESCHICHTE VON LYDIEN, EINER REGION MIT GRIECHISCHER KULTUR, LIEGT IM DUNKELN. ABER WIR KENNEN DIE GRUNDZÜGE DIESER ZIVILISATION IM WESTEN ANATOLIENS DANK DES ERSTEN GESCHICHTSSCHREIBERS: HERODOT[1].
ZUM GLÜCK SIND WIR GRIECHEN NICHT SCHREIBFAUL.

1. Griechischer Historiker und Geograf (etwa 480–425 v. Chr.), Autor der *Historien*.

ABER WARUM FAND EINE SOLCHE UMWÄLZUNG IN DER GESCHICHTE DES GELDES IN DIESER MITTLERWEILE IN VERGESSENHEIT GERATENEN ZIVILISATION STATT?

Zunächst einmal lag Sardes zu jener Zeit ideal an der Schnittstelle zwischen den Gebieten der fortschrittlichen Anrainer der Ägäis und der persischen Grenze.
Die Stadt war ein recht wichtiger Handelsplatz auf der Route zwischen Europa und Asien.
Sardes
Babylon
Theben
Peter L. Bernstein, Historiker
EINE WÄHRUNG ENTSTEHT, WENN EINE GESELLSCHAFT BEGINNT, GESCHÄFTE ZU MACHEN.

Das wahre Geheimnis Lydiens lag jedoch in seiner Geografie. Der Fluss, der durch das Land floss, reich an goldhaltigem Sand, führte ein wahres Vermögen an Gold mit sich.
DER ANTIKE NAME DIESES FLUSSES IST BIS HEUTE BERÜHMT: DER PAKTOLOS! DENN DAMALS WAR DAS GELBE METALL BEREITS BEKANNT ALS DAS WERTVOLLSTE ALLER METALLE:

GOLD!

AB DEM 2. JAHRTAUSEND V. CHR. FÖRDERTEN DIE MENSCHEN GOLD IN RIESIGEN MENGEN. SEINE QUALITÄTEN ZEICHNETEN ES ALS HÖCHSTES GUT DES MENSCHLICHEN REICHTUMS AUS.

Gold war (und ist) in erster Linie so begehrt, da es sich dabei um ein außergewöhnlich dichtes Material mit sehr hohem Gewicht handelt. Schon ein Goldwürfel mit einer Seitenlänge von nur 38 cm wiegt mehr als eine Tonne!

Zudem ist Gold leicht formbar und weich: Eine einzige Unze Gold mit einem Gewicht von etwa 30 Gramm[1] könnte gehämmert und zu einem 80 Kilometer langen Faden gezogen werden.

Gold ist wertvoll, weil es nicht korrodiert sowie rostfrei und sehr beständig ist. Es überdauert die Zeit und wird noch existieren, wenn alle Bauwerke der Welt verschwunden sind.

Aus diesem Grund ließen es die Privilegierten der frühen Zivilisationen zu Schmuckstücken verarbeiten – um diese zu tragen, aber auch, um eine Wertrücklage zu bilden.

In der Bibel gibt Gott Moses die Anweisung, für das auserwählte Volk ein mit purem Gold überzogenes Heiligtum errichten zu lassen.

Kurzum, Gold war bereits in der Antike das begehrteste Material. Mit dem Unterschied, dass es damals noch überall unerschlossene Goldadern gab!

1. Wie wir sehen werden, gibt es verschiedene Arten von Goldunzen. Eine der bekanntesten ist die Feinunze (31,1034768 Gramm).

Während der Pharaonen-Dynastien des alten Ägyptens wurde Gold erstmals industriell in Minen im Süden Nubiens abgebaut. Das war harte körperliche Arbeit.
DA IST MIR JA DIE BAUSTELLE DER PYRAMIDEN NOCH LIEBER.
ABER ECHT. SCHLIMMERES ALS DAS HIER GIBT ES NICHT!

Im 3. Jahrtausend v. Chr wurde Gold in Ägypten zur wertvollsten Warenwährung ...

... bis seine Verwendung ein exklusives Privileg des Pharaos und seiner Familie wurde.

Das Gold wurde verwendet, um die Paläste und Tempel zu schmücken, aber auch eingeschmolzen, um Barren mit dem königlichen Siegel herzustellen.

Später griffen die Assyrer dieses Konzept auf. Sie prägten das Zeichen des Löwen auf 30-Pfund-Barren und das Zeichen der Ente auf 15-Pfund-Barren.

BIS ZUM 1. JAHRTAUSEND V. CHR. BLIEB DAS PROBLEM JEDOCH GLEICH: DAS GEGENSEITIGE VERTRAUEN BEIM HANDEL WAR SEHR GERING. WURDE EINE WARE GEGEN GOLD ODER SILBER GETAUSCHT, SELBST WENN ES SICH UM GEPRÄGTE BARREN HANDELTE, WURDE JEDES MAL ALLES NEU GEWOGEN!
DU KENNST MICH DOCH ...
EBEN, DEIN 30-PFUND-BARREN WIEGT NUR 29 PFUND!
BÊÊÊÊ
BÊÊÊ

Nach Herodot nutzten Händler im lydischen Sardes zunehmend ein neues Tauschmittel: runde geprägte Gold- oder Silberscheiben, sprich Münzen.
NACH AUSGIEBIGER RECHERCHE NOTIERE ICH: UM 687 V. CHR. PRÄGTEN DIE LYDER DIE ERSTEN MÜNZEN.
DAS WAR EINE REVOLUTION: DIE MÜNZEN SELBST UND DER DURCH SIE REPRÄSENTIERTE WERT WURDEN AKZEPTIERT. EIN NACHWIEGEN WAR NICHT MEHR NÖTIG!
Archäologische Arbeiten, die in Ephesus durchgeführt wurden, belegen, dass die ersten lydischen Münzen aus dem Jahr 635 v. Chr. stammen. Herodot lag mit seiner historischen Datierung also gar nicht so weit daneben.
WOHL BEMERKT GESCHAH DIES NICHT ÜBER NACHT! ES WAR DAS WERK EINER DYNASTIE VON LYDISCHEN KÖNIGEN: DEN MERMNADEN. SEHEN WIR UNS DAS NÄHER AN.

Zu Beginn des 7. Jahrhunderts v. Chr. errichtete König Gyges, der Begründer der Mermnaden-Dynastie, ein staatliches Monopol auf die damalige lydische Währung: bohnenförmige Brocken aus Elektron[1].
660 v. Chr. führte Ardys, Gyges' Sohn, das Werk seines Vaters fort und ließ fortan die Elektronbrocken nach ihrem Gewicht und dem Ort ihrer Herstellung bestempeln, was ihnen einen festen Wert zuschrieb.
Unter Sadyattes, dem Sohn von Ardys und Enkel von Gyges, wurde die Größe der Münzen vereinheitlicht. Sie wurden mit zunehmender Anzahl von Hammerschlägen kleiner, runder, flacher ...
... Vor allem aber tauchte auf den meisten Münzen nach und nach ein Symbol auf: ein Löwenkopf, das Emblem der Mermnaden. Dies war die erste einheitlich geprägte Münze in der Geschichte!
CLAP CLAP CLAP CLAP CLAP CLAP CLAP CLAP CLAP CLAP CLAP CLAP CLAP CLAP
Der nächste Herrscher, Alyattes, hatte eine geniale Idee: Münzen aus reinem Gold herzustellen und nicht mehr aus Elektron, zumal der Paktolos für Lydien eine unerschöpfliche Goldquelle darstellte.
Kroisos (Krösus) war dann der Letzte (und der Wichtigste!) aus dem Geschlecht der Mermnaden, der seinen Namen in der Geschichte der Münzen hinterlassen sollte: Er ließ Münzen aus Gold und Silber prägen und führte damit den Bimetallismus ein.

1. »Güldisches Silber«, eine Legierung aus Gold und Silber.

Krösus ging durch seinen sagenhaften Reichtum in die Geschichte ein – und das ist kein Zufall, auch wenn sein Schicksal komplex war.
ALLE WISSEN VON MEINEM REICHTUM, ABER KAUM JEMAND ERINNERT SICH AN DIE WÄHRUNG, DIE ICH ERFUNDEN HABE: DEN KROISEIOS.
KRÖSUS WAR MIT DIESER MÜNZE AUCH DER VATER EINES GELDSYSTEMS, WIE WIR ES NOCH HEUTE IM 21. JAHRHUNDERT ANWENDEN. GRUNDLAGE DIESES SYSTEMS IST DIE DOPPELSEITIGE MÜNZE.

Die Vorderseite (Avers in der Numismatik) des Kroiseios zierte das Wappen der Stadt Sardes: ein Löwenkopf und ein Stierkopf, die sich gegenüberstehen.

Auf der Rückseite (Revers) befand sich eine quadratische oder rechteckige Vertiefung, an welcher der Nennwert der Münze abzulesen war. Später wurde die Münze dann mit einer Zahl versehen.

MIT DEM SYSTEM VON KRÖSUS WURDE ZUM ERSTEN MAL DAS GELD NICHT MEHR GEWOGEN, SONDERN GEZÄHLT.
ICH KANN IHNEN SAGEN, DASS DIESE ENTWICKLUNG SOWOHL DEN HANDEL IM NAHEN OSTEN ALS AUCH DAS VERMÖGEN MEINER UNTERTANEN IN DIE HÖHE GETRIEBEN HAT!
Stater: 8,17 g Gold - Grundeinheit
Hemistater: 4,08 g - 1/2 Stater
Trite: 2,72 g - 1/3 Stater
Hekte: 1,36 g - 1/6 Stater
Hemihekte: 0,68 g - 1/12 Stater
DIE GRUNDEINHEIT WAR DER STATER AUS REINEM GOLD.
Diese Unterteilung des Staters in Zwölftel ist wichtig, da sie sich durch die gesamte Währungsgeschichte zieht.
STELLEN SIE SICH VOR, WIR FINDEN SIE NOCH 2500 JAHRE SPÄTER IM BRITISCHEN WÄHRUNGSSYSTEM, BIS INS 20. JAHRHUNDERT, ALS DER SCHILLING EINEN WERT VON 12 PENCE[1] HATTE.
JA, DAS SYSTEM DER DENARE, SESTERZE UND RÖMISCHEN ASSE KALKULIERTE NACH GLEICHEM SCHEMA.
In Zukunft wurde auf den Märkten anhand der Einteilung des Gewichts in Zwölftel auch der Goldwert gemessen.
DIE RÖMISCHE UNZE AUS DER ANTIKE ODER DIE FEINUNZE AUS DEM MITTELALTER BASIERTEN AUCH AUF EINER UNTERTEILUNG IN ZWÖLFTEL.
KÖNNEN SIE NOCH FOLGEN? ICH NICHT ...

1. Bis 1971, als das Vereinigte Königreich schließlich auf das Dezimalsystem (mit Zehntelmünzen) umstellte.

Krösus war auch der Begründer des Bimetallismus, bei dem ein fester Wert im Gewicht des seltenen Goldes festgelegt wird, was eher für internationale Transaktionen verwendet wird im Vergleich zu Silber, das weniger selten ist und eher dem alltäglichen Handel dient.
ES IST DOCH GANZ EINFACH: EINE GOLDMÜNZE ENTSPRICHT IMMER ZEHN SILBERMÜNZEN, PUNKT!
UND WIE IST IHR WERT, WENN SIE WENIGER SILBER ENTHÄLT?
?!
Auch dieses System sollte sehr lange bestehen bleiben, bis ins 19. Jahrhundert hinein. Sein Erfolg beruht auf dem vereinfachten Verhältnis von 1/10, das viel einfacher war als etwa das von den Assyrern verwendete System mit dem komplizierten Verhältnis von 13,5/100 Gold zu Silber.
Die Perser hatten auch versucht, ein Verhältnis von 13,5 Goldgewicht zu 100 Silbergewicht einzuführen, ebenso sehr kompliziert zu berechnen.
PUH, ICH VERSTEH GAR NIX MEHR …
ICH AUCH NICHT, LASS UNS DIE LÖSUNG IM »KNOCHENSPIEL«[1] FINDEN.
König Krösus setzte eine Währungsrevolution auf einem ganzen Kontinent durch, einen Paradigmenwechsel, der mit der Einführung des Euros im Jahr 2002 in Europa vergleichbar war.
GRIECHENLAND
ITALIEN
SARDES
ÄGYPTEN
IRAN
INDIEN
WIR HABEN UNSERE DRACHME, DIE EBENFALLS AUF DIE LYDISCHE ERFINDUNG ZURÜCKGEHT.
ABER GRIECHENLAND IST WENIGER REICH AN EDELMETALLEN, SO IST DIE DRACHME AUS SILBER UND IHRE UNTEREINHEIT, DER OBOLUS, AUS KUPFER ODER MESSING.
Die Münze förderte nicht nur den Handel, sondern auch die Mobilität von Menschen und damit auch den Austausch von Ideen und Kulturen. Sie war Ausdruck einer Periode einer gewissen Weltoffenheit, die sich z. B. im antiken Griechenland zeigte, insbesondere in Athen.

1. Französisches Geschicklichkeitsspiel.

Krösus und seinem Reich wurde ein damatisches Ende zuteil. Im Jahr 546 v. Chr. wurde er von dem persischen König Kyros II. (dem Großen) besiegt. Die lydische Kultur geriet in Vergessenheit.
AUS DIESEM GRUND HABEN VIELE MENSCHEN HEUTE NOCH NIE ETWAS VON SARDES UND LYDIEN GEHÖRT: DIE PERSER HABEN SIE AUS DER GESCHICHTE GETILGT!
DU ZERSTÖRST EIN GROSSES IMPERIUM!
ACH JA? DIESE KRÖSIANER ZU BESIEGEN IST ABER EIN KINDERSPIEL.
Die persischen Sieger beanspruchten diese Währungsrevolution für sich und bewirkten eine echte Demokratisierung des Geldes: Gold- und Silbermünzen zirkulierten nun im gesamten Nahen und Mittleren Osten, ihre Verwendung war nicht mehr nur das Privileg des Adels.
WIR WURDEN VIELLEICHT BESIEGT, ZÄHLEN KÖNNEN WIR ABER. EURE 15 SILBERMÜNZEN ENTSPRECHEN 1,5 GOLDSTÜCKEN.
GRUMPF, NA GUT ...
Seit dem ersten König von Lydien, dem legendären Midas, war viel passiert. Er hatte den Gott Dyonisos gebeten, seine Gabe, alles, was er berührte, in Gold zu verwandeln, zurückzunehmen. Und so badete er auf Anraten des Gottes im Paktolos und übertrug dem Fluss seine goldbildenden Kräfte.

Das in Lydien erfundene System ließ sich nicht mehr aufhalten. Die Münzen eroberten den östlichen Mittelmeerraum und dann den Rest des Kontinents. Alle übernahmen es und entwickelten es weiter.
Kyros hatte umgehend den lydischen Bimetallismus übernommen. Sein Nachfolger Darius I. (Dareios der Große) ging neue Wege, indem er Münzen mit seinem eigenen Bildnis prägen ließ, die Dareikos.
BITTE NICHT BEWEGEN, HERR!
GLAUB BLOSS NICHT, DASS DAS EINFACH IST, MÜNZPRÄGER!
Darius war der erste Herrscher in der Geschichte, der in seinem Namen Münzen prägte. Sein Dareikos basierte auf den Grundlagen des lydischen Systems, jedoch mit seiner persönlichen Ausprägung.
UNSERE WÄHRUNG BESTEHT AUS REINEM GOLD[1]. SIE WIEGT 8,40 GRAMM.
DER DAREIKOS ENTSPRICHT 20 SIGLOS. 3000 DAREIKOS KOMMEN AUF 1 GOLDTALENT.
WELCH' TALENT!

1. 23,25 Karat.

Mit den Dareikos wurde gehandelt und sie verbreiteten sich im gesamten nahöstlichen und mediterranen Raum anstelle von Kreseiden.
ICH HAB DAREIKOS UND EIN PAAR KAURIS, WAS WILLST DU LIEBER?
MACHST DU WITZE? DEFINITIV DAREIKOS, WIR SIND DOCH KEINE WILDEN!
Eine weitere Neuerung: Die persischen Behörden erhoben nun Steuern in Dareikos und nicht mehr in Naturalien. Dies stärkte das Vertrauen in diese Währung und damit ihren Wert.
AH, DU BIST AUCH STEUEREINTREIBER FÜR PERSEPOLIS?
NUR IN MEINER FREIZEIT …
Das Persische Reich bestand über zwei Jahrhunderte lang. Es verankerte systematisch den Gebrauch von Münzen in allen von ihm eroberten Gebieten – und das waren viele.
FORSCHER FANDEN UNSERE MÜNZEN ÜBERALL, SOGAR IN AFRIKA UND ASIEN …
DER DAREIKOS IST WAHRSCHEINLICH DIE ERSTE WÄHRUNG, DIE BIS ANS ENDE DER UNS BEKANNTEN WELT IM UMLAUF WAR.
Gazaca
Sardes
PERSISCHES REICH
(von 552 bis 330 v. Chr.)
Jerusalem
Babylon
Theben
Aber jedes Reich geht unter, und das nächste sollte das Abenteuer der Münzen fortsetzen.

Dieses Reich war noch viel berühmter: Es handelt sich um das Königreich Makedonien, das von Philipp II. errichtet wurde, dessen Sohn Alexander (der Große) zu einem der bedeutendsten Eroberer der Geschichte werden sollte.
DIESER ARISTOTELES KOSTET MICH VIELE GOLDMÜNZEN, ABER ER IST VERDAMMT EFFEKTIV.
UND SO KAM ES, DASS DIE ACHÄER DIE TROJANER BESIEGTEN ... DIES BEWEIST, DASS LIST DER STÄRKE ÜBERLEGEN IST, WENN DIESE AN IHRE GRENZEN STÖSST ...
PUH ... WENN ICH KÖNIG BIN, SCHAFF ICH DIE PHILOSOPHIE AB.
Der zukünftige Alexander lernte viel von seinem Hauslehrer Aristoteles, einem der berühmtesten Vertreter der Philosophenschule Athens.

Aristoteles machte Karriere in dieser berühmten Stadt, wo sich der Gebrauch von Metallgeld nach lydischem Vorbild allmählich durchsetzte. Mit einer eigenen Skala für Silbergewichte.
ICH WIEDERHOLE: 1 TALENT ENTSPRICHT 60 MINEN; 1 MINE ENTSPRICHT 50 SIGLOS.
EIN RECHTSCHAFFENER BÜRGER MUSS RECHNEN KÖNNEN.
1 Drachme, die athenische Währung, wog 4,36 Gramm Silber. 2 Drachmen entsprachen 1 Siglos.

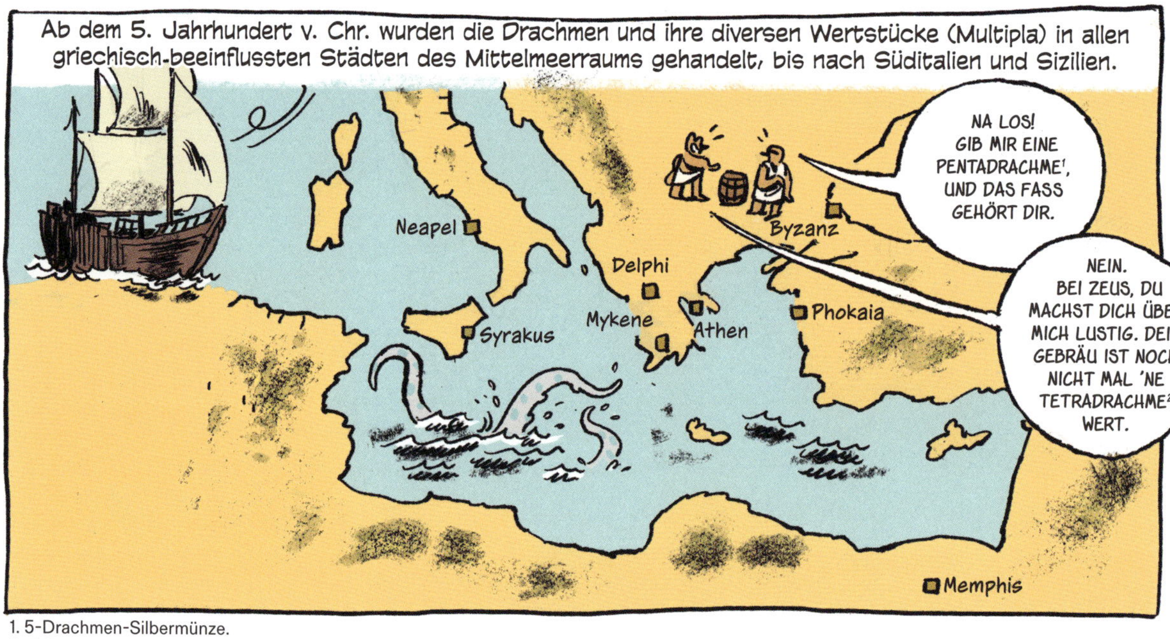
Ab dem 5. Jahrhundert v. Chr. wurden die Drachmen und ihre diversen Wertstücke (Multipla) in allen griechisch-beeinflussten Städten des Mittelmeerraums gehandelt, bis nach Süditalien und Sizilien.
Neapel
Delphi
Syrakus
Mykene
Athen
Byzanz
Phokaia
Memphis
NA LOS! GIB MIR EINE PENTADRACHME[1], UND DAS FASS GEHÖRT DIR.
NEIN. BEI ZEUS, DU MACHST DICH ÜBER MICH LUSTIG. DEIN GEBRÄU IST NOCH NICHT MAL 'NE TETRADRACHME[2] WERT.

1. 5-Drachmen-Silbermünze.
2. 4-Drachmen-Silbermünze.

Für Aristoteles war Geld nicht nur ein Instrument der kommerziellen Herrschaft, sondern immanent mit dem demokratischen Leben der Stadt verbunden.
SEHEN SIE, DIESE BÜRGER WURDEN AUSGELOST, UM GESCHWORENE DER HELIAIA[1] ZU WERDEN.
JEDER ERHÄLT DAFÜR EINE ENTSCHÄDIGUNG VON 3 OBOLEN[2] PRO TAG, DENN IHR URTEILSVERMÖGEN HAT EINEN PREIS.
Der Philosoph stellte die erste Theorie des Geldes auf, beruhend auf drei Funktionen, mit denen sich die sozialen Beziehungen fließender gestalten.
GELD IST ZUNÄCHST EINE RECHENEINHEIT.
DANN EIN MITTEL ZUM TAUSCH VON WAREN.
FERNER EIN MITTEL ZUR WERTERHAL-TUNG.

1. Volksgericht mit Sitz auf der Agora.
2. Das entspricht einer halben Drachme. Diese Entschädigung wurde von dem Reformer Perikles eingeführt.

UNMERKLICH ENTWICKELTE SICH DIE DISZIPLIN DES ÖKONOMISCHEN DENKENS …
KEIN WUNDER, DASS WIR DAS DER GRIECHISCHEN PHILOSOPHIE VERDANKEN.
Die Frage des Geldes war bei dem berühmten Prozess gegen Sokrates von zentraler Bedeutung. Er sollte eine Geldstrafe von 30 Minen[3] zahlen, ging aber nicht darauf ein.
ES IST ZU TEUER! DA LEERE ICH LIEBER DEN SCHIERLINGSBECHER.
DER ALTE GEIZHALS HAT EH KEINE KOHLE.

3. 3000 Drachmen.

Alle griechischen Intellektuellen hatten eine Meinung zu diesem Thema, allen voran der berühmteste von ihnen: Platon, der seinerseits die Rolle des Geldes eher kritisch sah.
DIE ANHÄUFUNG VON GELD IST EIN FAKTOR DER MORALISCHEN VERDERBTHEIT!
DER HAT LEICHT REDEN.
GENAU. ALS SOHN AUS REICHEM HAUSE HAT ER JA NIE ARBEITEN MÜSSEN.
IN MAKEDONIEN WAR DER JUNGE ALEXANDER MIT DEN MONETÄREN GE-GEBENHEITEN SEINER ZEIT VERTRAUT.
ABER ALLES, WAS ICH ÜBER FINANZEN WEISS, HAT MIR MEIN VATER PHILIPP BEIGEBRACHT.

Philipp II. von Makedonien war in der Tat ein beachtlicher Reformer. Seine Agrarreformen brachten dem Land in nur einer Generation Wohlstand.
IHR WERDET DRAINAGEN UND KANÄLE ANLEGEN, BEWÄSSERN, NEUE GETREIDESORTEN ANBAUEN, WEINREBEN PFLANZEN.
HOPP, HOPP, UND LOS GEHT'S!
SOLANGE WIR KEINEN KRIEG FÜHREN …
Er übernahm das Währungssystem von den Lydern sowie Persern und schuf seine eigene Leitwährung Philippeioi; die goldenen Statere zeigten Apollon, die silbernen Tetradrachmen Zeus, den bedeutendsten der griechischen Götter, als dessen Nachkomme sich König Philipp bezeichnete!
AUF DIE RÜCKSEITE HAB ICH EINEN STOLZEN KRIEGER ZU PFERD PRÄGEN LASSEN.
WER DAS WOHL IST?
Philipp besaß ein ausgeprägtes Gespür für Finanzen. Sobald in Makedonien und Thrakien neue Gold- und Silberminen entdeckt wurden, ordnete er deren maximale Ausschöpfung an.
WILL KÖNIG PHILIPP PYRAMIDEN BAUEN ODER WAS?
DU HAST GUT REDEN! JE MEHR TERRITORIEN ER EROBERT, DESTO MEHR SKLAVEN HAT ER FÜR SEINE MINEN.
Sein Ziel war es, die Prägewerkstätten in Pella, Pydna oder Amphipolis voll auszulasten.
WIR MÜSSEN WOHL DEN STREIK ERFINDEN!
BIST DU BEHÄMMERT?
Seine wichtigste Neuerung bestand in der Einführung einer Finanzreserve: Das Königreich sollte mehr Gold besitzen, als es ausgab.
WARUM? UM MEINE ZUKÜNFTIGEN KRIEGE GEGEN PERSIEN ZU FINANZIEREN, VERDAMMT!

Philipp wurde jedoch nach 23-jähriger Herrschaft ermordet. Sein Erbe Alexander, auf die Nachfolge bestens vorbereitet, errichtete dann ein Großreich, das vom Balkan bis zum Indus reichte.
Der neue Herrscher ließ Münzen mit einem Porträt von Herakles[1] prägen, das verblüffende Ähnlichkeit mit ihm hatte: die Alexandriner.

1. Der Halbgott Herakles (Sohn des Zeus) war nach makedonischem Mythos ein Vorfahre Alexanders.

In nur zwölf Jahren gründete Alexander 70 nach ihm benannte Städte, im gesamten Nahen Osten bis nach Indien. Diese Orte wurden zu Umschlagplätzen für die Währungen aus dem Mittelmeerraum.
HIER IST MEIN VERMÄCHTNIS: EIN STÄDTISCHES NETZWERK, DAS NOCH IMMER EXISTIERT!
ABER ALEXANDER WAR NICHT NUR EIN GROSSER EROBERER. ER ENTWICKELTE AUCH DAS VON VERTRAUEN GETRAGENE FINANZSYSTEM WEITER, DAS SEIN VATER ENTWORFEN HATTE. AUF DEN NÄCHSTEN SEITEN ERFAHREN SIE, WIE.
Alexandria Troas
Alexandria Issos
Rhages
Damaskus
Babylon
Carmana
Alexandria Charax
Alexandria
Theben
Syene

HIER SEHEN SIE, WIE ALLES FUNKTIONIERTE.
Im Laufe seiner Eroberungen bemächtigte sich Alexander der Gold- und Silberadern in den unterworfenen Gebieten.
Damit konnte er die Prägestätten seines Reiches und sogar weitere in seinen neuen Provinzen eröffnen.
Dadurch hatte er immer mehr Münzen zur Verfügung, um seine Soldaten, Söldner sowie Wissenschaftler ausreichend zu bezahlen und zu versorgen.
Er wurde daher nie von seinen Generälen oder Truppen verraten, die ganz im Gegenteil zufrieden und gut genährt neue Gebiete eroberten und die makedonische Kultur verbreiteten.
NACHSCHLAAAAAG!
In diesem Reich, mittlerweile so groß wie ein Kontinent, war eine einzige Währung maßgebend: der Alexandriner.
Das Vertrauen in diese Währung war so groß, dass sie auch die erste in der Geschichte war, die gefälscht wurde, was sie noch berühmter machte!

Alexanders Geldsystem sollte ihn eineinhalb Jahrhunderte lang überdauern, trotz des Zerfalls seines Reiches und der langen Erbfolgekriege.
MIST! ICH SCHULDE DIR 1 TALENT ...
ICH NEHM NUR ALEXANDRINER.
DIES WAR DAS ERSTE MAL, DASS EINE KÖNIGLICHE WÄHRUNG SO MÄCHTIG WAR, DASS SIE EIN POLITISCHES REGIME ÜBERDAUERTE.
RICHTIG, ABER SEIT DEM 7. JAHRHUNDERT V. CHR. HATTEN VIELE LÄNDER DIE LYDISCHE ERFINDUNG NACHGEAHMT, UND ES GAB MITTLERWEILE MÜNZEN ALLER ART.

Der monetäre Einfluss Makedoniens erlosch zu Beginn des 2. Jahrhunderts mit der berühmten Schlacht von Kynoskephalai im Jahr 197 v. Chr., in der die Römer die Makedonier vernichtend schlugen.
IN DIESER SCHLACHT WERDEN WIR WIEDER MÄNNER VERLIEREN!!
DIE MAKEDONIER NOCH VIEL MEHR, FLAMININUS!!

Den Sieg über den makedonischen König Philipp V. errang der römische Feldherr Titus Quinctius Flamininus. Um seinen Triumph zu feiern, ließ er eine Goldmünze mit seinem Porträt prägen!

Rom! Das zukünftige Kaiserreich war zunächst nur eine kleine Republik, nicht viel reicher an Bodenschätzen als Griechenland. Sie konnte nicht mit den Lydern, Persern oder Makedoniern konkurrieren.
DIE RÖMER BESASSEN DAMALS SO WENIG GOLD, DASS DIE GEPRÄGTEN MÜNZEN ALS WERTRÜCKLAGE IN DEN TEMPELN AUFBEWAHRT WURDEN.
OH, JUPITER, WARUM SIND WIR NICHT REICH?
VIELLEICHT, WEIL IHR EUCH NICHT VON DER STELLE BEWEGT?
FÜR IHRE ALLTÄGLICHEN TRANSAKTIONEN VERWENDETEN SIE DEN AS, EINE KLEINE MÜNZE AUS BRONZE ODER KUPFER, DIE ZU UNTEREINHEITEN DER SPÄTEREN BEDEUTENDEN RÖMISCHEN MÜNZEN WURDE, DEM DENAR UND DEM SESTERZ.
Mit der Ausweitung ihres Territoriums eroberte die Republik jedoch auch neue Ressourcen. Und wieder begann die gleiche Geschichte …
DIE MINEN IM OSTEN VON BAETICA[1] GEHÖREN UNS!
DIESES GOLD WIRD UNS HELFEN, HANNIBAL ZU BESIEGEN!
WIR WERDEN VOR ALLEM UNSERE SOLDATEN GUT BEZAHLEN KÖNNEN. SO GUT WIE ALEXANDER.

1. Heutiges Gebiet von Andalusien.

Später, zu Beginn des Römischen Imperiums, war der Legionär tatsächlich einer der wenigen wohlhabenden Arbeitnehmer der antiken Welt: Er erhielt 10 As pro Tag, also 225 Denar pro Jahr[1], zahlbar in drei jährlichen Raten.
OH, DIESE MÜNZEN SIND GANZ SCHÖN SCHWER!
ICH ÜBERLEGE, MIR EINEN ZWEITWOHNSITZ IM NATURPARK NARBONNAISE ZUZULEGEN.

Rom beutete in seinen Minen eine riesige Menge Sklaven aus[2], wodurch noch mehr Mineralien gewonnen und noch mehr Münzen geprägt wurden.
EINIGE IN DER LEGION LASSEN ES ENTSPANNT ANGEHEN ...
SEI STILL UND GRAB WEITER!

1. Laut Peter L. Bernstein entspricht dies einem monatlichen Gehalt von derzeit etwa 2500 US-Dollar!

2. Etwa 3 Millionen Menschen im antiken Rom.

Der Bedarf an Geld expandierte ebenso schnell wie das Reich selbst, sodass einige Feldherren wie einst Flamininus Münzen mit ihrem eigenen Bildnis prägen ließen!
SEHT HER, DAS BIN ICH!
JETZT MÜSSEN WIR SIE KRIEGEN!

In Rom wurde der Bedarf an Gold kritisch, denn in dieser sehr ungleichen Gesellschaft bestimmte der Reichtum den Status.
JETZT KANN ICH MICH FÜR DAS AMT DES RICHTERS BEWERBEN!

Die drei berühmten Konsuln Cäsar, Crassus und Pompeius waren übrigens zunächst clevere Geschäftsmänner, bevor sie politische Führer wurden.
ICH WAR QUÄSTOR IN HISPANIEN, UND ICH HAB MIR DIE TASCHEN AUSREICHEND MIT DEM GOLD DER STEUERZAHLER GEFÜLLT.
ICH HAB EIN VERMÖGEN GEMACHT, INDEM ICH EINE RÖMISCHE FEUERWEHR GRÜNDETE, DIE NUR EINGRIFF, WENN DIE BRANDOPFER IM VORAUS GEZAHLT HATTEN.[3]
BEI MIR IST ES EINFACHER. MEINE FAMILIE WAR BEREITS EINE DER REICHSTEN IN ITALIEN, ICH MUSSTE NUR DAFÜR SORGEN, DASS SICH DIE KASSE WEITER FÜLLT!

Im Römischen Imperium war man verrückt nach Gold und Silber. Rom verdanken wir übrigens auch den englischen Begriff money, vom lateinischen moneta, ein Beiname der Göttin Juno, Beschützerin der Ehe und der Fruchtbarkeit, aber auch des Reichtums. In der Nähe des ihr geweihten Tempels in Rom wurde die erste Prägestätte eröffnet.
ACHTUNG, RAUS AUS DEN FEDERN!
DIE GALLIER GREIFEN AN!
OLLE SCHREIGÄNSE!
ZZZ ...
?

3. Anekdote am Rande: Crassus' Karriere endete mit einer berühmten Folter. Um sich über seine Geldgier lustig zu machen, ließen ihm die Parther, die ihn gefangen genommen hatten, geschmolzenes Gold in den Mund gießen.

Zu diesem Zeitpunkt der Geschichte erfuhren die Römer als Erste ein neues Phänomen: das Schwinden ihrer Münzbestände und ihre Unfähigkeit, diese zu erneuern.
EINERSEITS GING EIN BETRÄCHTLICHER ANTEIL DER GOLD-, SILBER-, KUPFER- ODER MESSINGMÜNZEN ÜBER DEN LANDWEG IN FERNE GEBIETE ODER GING BEI SCHIFFSUNTERGÄNGEN VERLOREN.
DES WEITEREN ERSCHÖPFTEN SICH IN ALLEN GEBIETEN DES REICHES NACH UND NACH DIE GOLD- UND SILBERVORKOMMEN.
DIE LÖSUNG? IN DER MÜNZPRÄGETECHNIK KAM MAN DARAUF, DEN EDELMETALLANTEIL ZU SENKEN, WOVON DIE RÖMER UMFASSEND GEBRAUCH MACHTEN. ABER ES WAR EIN ZWEISCHNEIDIGES SCHWERT.
... UM MEHR MÜNZEN HERZUSTELLEN ALS ZUVOR, NATÜRLICH AUF KOSTEN DER QUALITÄT DER LEGIERUNG ...
DIE TECHNIK IST EINFACH: WIR SCHMELZEN EINE MASSE AN MÜNZEN EIN ...
... ABER MIT EINEM BETRÄCHTLICHEN GEWINN, DENN WIR VERVIELFACHEN DEN WERT DES URSPRÜNGLICHEN LAGERBESTANDS WIE DURCH ZAUBERHAND!

Und es kam, wie es kommen musste ...
ALS GALLIENUS IM JAHR 260 N. CHR. KAISER WURDE, HATTEN DIE SILBERMÜNZEN IM VERGLEICH ZUR REGIERUNGSZEIT VON AUGUSTUS, DEM ERSTEN KAISER, 60 PROZENT IHRES GEWICHTS AN EDELMETALL VERLOREN.

Diese Verringerung des Edelmetallanteils verschlechterte den Wert der Währung.
MÜNZEN AUS KUPFER ODER SILBER WAREN NICHTS MEHR WERT. SELBST GOLDMÜNZEN VERLOREN AN WERT. DIE FOLGE: EIN JAHRHUNDERT DER INFLATION!

Das dringende Verlangen nach Geld untergrub die wirtschaftliche Macht des Römischen Reiches. Zu Beginn des 4. Jahrhunderts stiegen die Preise in Rom innerhalb von 50 Jahren um das Zwanzigfache.
WIE MEINEN SIE DAS, MEIN FISCH IST ZU TEUER?
WENN ER WENIGSTENS FRISCH WÄRE ...
4 AS DAS STÜCK?! DAS IST JA WOHL EIN WITZ!
BEZAHL ODER TRINK WOANDERS.
ICH MUSS WOHL AUCH MEINE PREISE ERHÖHEN ...
Das ist der historische Beweis dafür, dass man mit Geld vorsichtig umgehen muss.

DIESE ANFÄLLIGKEIT DER RÖMISCHEN WÄHRUNG TRUG ZUM UNTERGANG DES REICHES BEI, ABER WIR KOMMEN SPÄTER NOCH DARAUF ZURÜCK.
Kutscha
Kaxgar
Dunhuang
Chotan
Luoyang
Nanhai (Kanton)
Jiaozhi
ZUNÄCHST EINMAL WOLLEN WIR UNSERE GESCHICHTE AUF DER ANDEREN SEITE DER ERDE ZUM DAMALIGEN ZEITPUNKT VERFOLGEN: IM CHINA DER ERSTEN KAISER!

KAPITEL 3

DER LANGE WEG ZUM PAPIERGELD

Wir befinden uns im Herzen des antiken China, in Luoyang, Hauptstadt der Han-Dynastie[1], zu Beginn des 3. Jahrhunderts n. Chr.
IN BEZUG AUF DAS GELDWESEN, SCHEINT DAS KAISERLICHE CHINA AUF DEM GLEICHEN ENTWICKLUNGSSTAND GEWESEN ZU SEIN WIE DER RÖMISCHE WESTEN: MAN HANDELTE MIT MÜNZEN.
MIT DEM UNTERSCHIED, DASS CHINESISCHE MÜNZEN DURCHLÖCHERT WAREN UND OFT AUF EINE SCHNUR GEFÄDELT WURDEN, UM SIE BESSER ZÄHLEN UND TRANSPORTIEREN ZU KÖNNEN.
GIB MIR NOCH 4 DAZU UND DAS SCHWEIN GEHÖRT DIR. DAS WIRD EIN FESTMAHL FÜR DEINE FAMILIE.
GRUMPF, NA GUT.

1. Von 206 v. Chr.–220 n. Chr.

Diese erstaunliche Münze war die offizielle Währung im Kaiserreich der Han-Dynastie. Sie bestand aus Bronze, wog exakt 3,2 Gramm[1] und wurde Wu Zhu genannt.
SIE WAR IN ETWA DAS ÄQUIVALENT ZUM RÖMISCHEN DENAR …
… NUR, DASS IN CHINA WEDER GOLD NOCH SILBER VERWENDET WURDEN, DA BEIDES SELTEN VORKAM UND NUR ALS WERTRÜCKLAGE IN FORM VON BARREN ODER SCHMUCK DIENTE.
Die Prägung von Wu Zhu-Münzen wurde zum ersten Mal im Jahr 119 v. Chr. vom siebten Han-Kaiser Wudi befohlen. Er wollte ein staatliches Monopol auf die Münzprägung errichten.
ES GIBT KEINE BESSERE MÖGLICHKEIT, GELD ZU VERDIENEN, ALS ES SELBST HERZUSTELLEN.

1. Die Gewichtsangabe war seitlich des Loches eingraviert.

Wie im Mittelmeerraum waren es zunächst private Akteure gewesen, die immer komplexer werdende Protowährungen zur Erleichterung ihrer Geschäfte entwickelt hatten, bevor sich aus geopolitischen und kommerziellen Gründen eine einheitliche Rechnungseinheit herausbildete: die Münze, deren Verwaltung in den Händen der jeweiligen Machthaber landete.

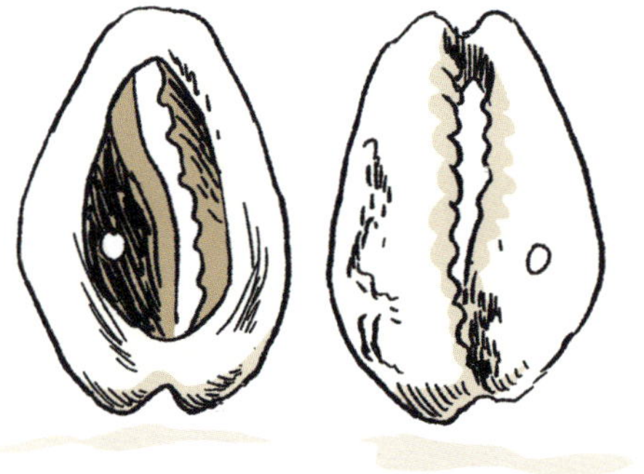

Vor dem 1. Jahrtausend hatten die Händler Halsketten mit Kauris (Bèi auf Chinesisch) getauscht. Die Kaurischnecke war bereits global verbreitet.

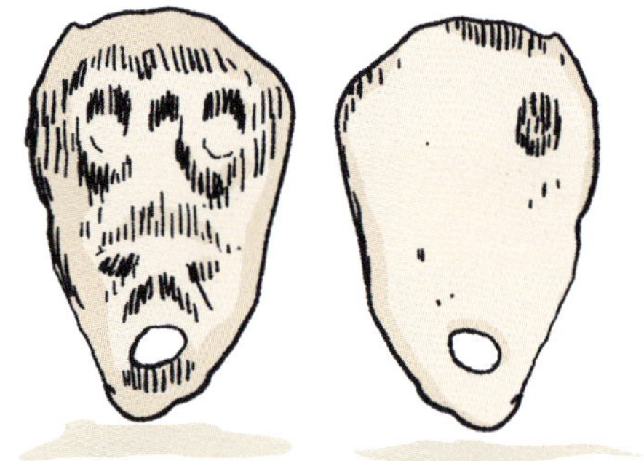

Um 600 v. Chr. wurde diese Ressource knapper, und in China ersetzte man sie durch aus Knochen, Stein und Bronze geformte Kauris, die sogenannten »Ameisennasen-Münzen«.

Kurz darauf, um 500 v. Chr, tauchten Tauschgegenstände aus Stein oder Metall auf, deren Form Werkzeuge wie z. B. Messer oder Spaten nachahmten.

Im Jahr 350 v. Chr. erfand China die ersten runden Münzen. Aus praktischen Gründen wurden sie mit einem quadratischen Loch versehen. Sie behielten diese Form 2000 Jahre lang bei!

Hier in Asien wie auch in Europa entwickelte man das Metallgeld nicht rein zufällig. In China entstand es in erster Linie als Folge der »Streitenden Reiche«[1].
SIEHST DU DIE TRUPPEN DA HINTEN? SIE WERDEN MIR NICHT FOLGEN, ES SEI DENN, DU BEZAHLST SIE MIT GUT GEFÜLLTEN GELDSÄCKEN!
JAWOHL, HERR!
GROSSE SCHLACHTEN ERFORDERTEN IMMER MEHR SOLD, UM DIE SOLDATEN ZU BEZAHLEN. DIESE SOLDATEN GELANGTEN DURCH IHRE EROBERUNGEN AN MEHR REICHTUM UND SORGTEN SOMIT DAFÜR, DASS MEHR MÜNZEN HERGESTELLT WURDEN. SO WAR ES AUCH BEI ALEXANDER!

1. Eine Folge von Eroberungskriegen im Zeitraum von 475–221 v. Chr., kurz vor dem Aufstieg der Han-Dynastie.

Metallgeld erwies sich auch in China als notwendig, um den Handel mit unbekannten und weit entfernten Ländern voranzutreiben. Und die Entwicklung des Handels ging mit dem Aufkommen einer vagen Vorstellung von individuellem Erfolg und Emanzipation durch Profit einher.
ICH HAB GEHÖRT, DASS DU DEINEN REIS JETZT AN DEN STAAT ZHAO VERKAUFST?
IST DOCH EGAL.
DIE SIND DOCH UNSERE FEINDE!
SIE ZAHLEN MEHR ALS DU.
GRIECHENLAND HATTE SEINE PHILOSOPHEN, DAS ALTE CHINA EBENSO. KONFUZIUS UND LAO TSE BEGANNEN, SICH ÜBER DEN BEGRIFF DES KOMMERZIELLEN GEWINNS GEDANKEN ZU MACHEN.
WÄHLE EINEN BERUF, DEN DU LIEBST, UND DU BRAUCHST KEINEN TAG IN DEINEM LEBEN MEHR ZU ARBEITEN.

Unter der Han-Dynastie wird alles mit der Wu-Zhu-Münze geregelt: Käufe, Schulden, Steuern. Und auch die folgenden Dynastien verwendeten dieses Währungsmodell über Jahrhunderte hinweg. Im Westen wurden die allseits bekannten chinesischen Münzen Sapeques oder Käsch genannt.
IHRE KAISERLICHE MAJESTÄT, UNSER EINZIGES PROBLEM IST DAS EINLAGERN VON GELD.
?!
ES WURDE EINE ENORME MENGE AN BRONZENEN WU ZHU BENÖTIGT, UM DIE TRANSAKTIONEN IN DIESEM RIESIGEN REICH ZU GEWÄHRLEISTEN. DIE KAISERLICHEN PRÄGESTÄTTEN PRODUZIERTEN JEDES JAHR MILLIARDEN VON MÜNZEN.

Diese Währung hatte dennoch einen großen Vorteil: Sie verbreitete sich überall im Orient und machte das chinesische Modell zum vorherrschenden System. Die Münzen wurden zu einer Art Gemeinschaftswährung, die überall, vom Indischen Ozean bis nach Japan, nachgeahmt wurde!
IN ALL DIESEN LÄNDERN WURDEN ÜBERRESTE VON LOKALEN IMITATIONEN DER CHINESISCHEN KÄSCH-MÜNZEN GEFUNDEN, DIE BIS INS MITTELALTER HINEIN GEPRÄGT WURDEN.
WER FREUDE SÄT, WIRD GLÜCK UND REICHLICH MÜNZEN ERNTEN.
JAPAN
TURKESTAN
INDIEN
VIETNAM
SANSIBAR
JAVA

In den ersten Jahrhunderten n. Chr. entwickelte sich in China eine wahre Leidenschaft für Münzen und ein neues Hobby entstand, das uns heute noch vertraut ist: die Numismatik!
EIN ECHTER DAREIKOS VON DEN GRENZGEBIETEN DER SEIDENSTRASSE!
NICHT SCHLECHT! ABER ICH SUCH IMMER NOCH DIESE SELTENEN KRESEIDEN ...
DIE ERSTE MONOGRAFIE ÜBER MÜNZEN ENTSTAND IM CHINA DES 6. JAHRHUNDERTS: QIAN ZHI XIN BIAN. VIELE JAHRHUNDERTE VOR DER ERSTEN NUMISMATISCHEN LITERATUR IM WESTEN!

DIESE ENORME MONETÄRE ENTWICKLUNG WAR UMSO BEMERKENSWERTER, ALS NICHT ALLE REGIONEN DER WELT DEN GLEICHEN WEG EINSCHLUGEN.
SCHAUEN WIR UNS EINMAL DIE BRILLANTE ZIVILISATION DER MAYA IN MITTELAMERIKA ETWA ZUR GLEICHEN ZEIT AN.
Auf ihrem Höhepunkt, etwa im 6. Jahrhundert n. Chr., benötigten die Stadtstaaten der Maya keine Metallwährungen: Die herrschende Oligarchie verwendete kostbare, aber gebräuchliche Lebensmittel als Warenwährung.
KAKAO WAR DIE AM HÄUFIGSTEN VERWENDETE UNIVERSALWÄHRUNG IM GESAMTEN MAYA-RAUM. KÖNIGE BEGLICHEN DAMIT DIE AUSGABEN FÜR IHRE PALÄSTE, UND DIE BEVÖLKERUNG NUTZTE SIE ALS TAUSCHMITTEL.
TABAK, MAIS ODER BAUMWOLLE WURDEN EBENFALLS VERWENDET.
Joanne Baron, Anthropologin
DIE MAYA-KULTUR WAR ZWEIFELLOS EBENSO KRIEGERISCH WIE DIE GRIECHISCHE ODER DIE CHINESISCHE. DENNOCH GAB ES AUF DEM AMERIKANISCHEN KONTINENT KEINE STRATEGISCHE EXPANSION. DAHER BESTAND KEINE NOTWENDIGKEIT, SOLDATEN ZU BEZAHLEN, UND SOMIT ENTWICKELTEN SICH AUCH KEINE WÄHRUNGEN AUS METALL. Q.E.D.
WIE MAN SIEHT, MUSS MAN ALSO EIN EROBERER SEIN, UM EINE WÄHRUNG ZU ENTWICKELN: VÖLKER, DIE ANDERE GEBIETE EROBERN, BRAUCHEN EINE GEMEINSAME WÄHRUNG, UM DORT DAUERHAFT FUSS ZU FASSEN. KEHREN WIR NACH CHINA ZURÜCK, UM UNSER BEISPIEL ZU VERTIEFEN.

Hier kam eine außergewöhnliche Erfindung ins Spiel: Papier.
DAS IST DEUTLICH PRAKTISCHER ALS SCHILDKRÖTENPANZER!
VOR ALLEM BRAUCHT ES WENIGER PLATZ.
VOR DEM PAPIER BENUTZTEN DIE CHINESEN ALLE ARTEN VON MEDIEN ZUM SCHREIBEN, Z.B. PERGAMENT, PAPYRUS, BAMBUSLAMELLEN, WACHS- ODER TONTAFELN USW.
Die Legende schreibt die Erfindung einem gewissen Ts'ai Lun zu. Dieser Beamte am Hof der Han-Kaiser war wohl der Erste, der Papier aus Zellulose herstellte – aus Pflanzenfasern von Hanf, Reis oder Bambus, die in einer Natriumcarbonatlösung gekocht und mit Stärke gebunden wurden.
Im kaiserlichen China blieb dieses Verfahren jahrhundertelang ein industrielles Geheimnis. Die Silberschmiede setzten Papier im großen Stil für ihre Buchhaltung ein.
FRÜHER MUSSTEN WIR ZWEI SCHILDKRÖTENPANZER AM TAG SCHAFFEN.
UND HEUTE 50 BLATT PAPIER. WOLLEN DIE UNS VERARSCHEN?

Dann kommt der Höhepunkt der kaiserlichen Zivilisation Chinas: die Anfänge der Tang-Dynastie[1], eine Zeit der Macht, des Wohlstands und des Friedens.
EINE VOM KRIEG GEBEUTELTE ZIVILISATION, IN DER WIEDER FRIEDEN HERRSCHT, ORIENTIERT SICH ERNEUT AN DER VERWENDUNG VON VIRTUELLEN WÄHRUNGEN, WEIL DAS VERTRAUEN ZURÜCKKEHRT, WIE WIR BEREITS IN DIESER UNGLAUBLICHEN GESCHICHTE GELERNT HABEN.
DIESES MAL ERFANDEN DIE CHINESEN EINE ART BINDEGLIED ZWISCHEN VIRTUELLEN UND REALEN WÄHRUNGEN: DAS PAPIERGELD, DER VORLÄUFER DER BANKNOTEN.
Luoyang
Chang'an
Yangzhou
TANG-IMPERIUM
Hangzhou
UND DA SAGE NOCH EINER, DIE CHINESEN SEIEN NICHT KREDITWÜRDIG!

1. Von 618–907 n. Chr.

Mit dem Boom des Geschäftslebens machten es sich viele Kaufleute beim Handeln zur Gewohnheit, Schuldscheine auszustellen.
DU SCHULDEST MIR ZEHNMAL 1000 KAI YUAN[2].
WAS?! SO VIEL HAB ICH NICHT BEI MIR. ERST WIEDER, SOBALD DIE WARE VERKAUFT IST.

Indirekt waren dies die Vorläufer des Papiergeldes. Der Wert war nicht mehr auf einer Münze eingraviert, sondern auf einem Dokument notiert.
ICH SCHLAGE VOR, DASS DU MEINE SCHULDEN AUF PAPIER NOTIERST UND ICH UNTERSCHREIBE. VERTRAUST DU MIR?
JA, SCHREIB ES AUF!

2. Die Kai Yuan Tong Bao löste in der Tang-Dynastie ab 621 die Wu-Zhu-Münze ab. Yuan ist heute die Währung der Volksrepublik China.

Ab dem 7. Jahrhundert konnte die Geldmenge aus Metall, so groß sie auch sein mochte, nicht mehr mit den Geschäften Schritt halten. Die Händler griffen in großem Umfang auf Papier zurück, um ihre laufenden Geschäfte abzuwickeln.
WIR HABEN NICHT MEHR GENUG KÄSCH AUS BRONZE ODER KUPFER. BIETET EUREN LIEFERANTEN SCHULDSCHEINE AN.
FÜR DIE VERKÄUFE IM KAISERREICH GEHT DAS. ABER ZUM BELIEFERN DER ENTFERNTEN INSELN WIRD MAN IMMER NOCH KAI YUAN BRAUCHEN.
DAS PRINZIP FUNKTIONIERTE IM GRUNDE NOCH WIE IN DER ALTSTEINZEIT: BEI GEGENSEITIGEM VERTRAUEN ZINSLOSE KREDITE IM SINNE EINER VIRTUELLEN WÄHRUNG. WENN SICH DIE HANDELSPARTNER WENIGER GUT KANNTEN, BARGELD!
Einige Händler experimentierten auch mit einem neuen System: Sie deponierten ihr Geld bei einer Genossenschaft.
ICH ÜBERGEBE DIR ZEHNMAL 1000 KAI YUAN.
HIER IST DER GEGENWERT! SO MUSST DU NICHTS BEI DIR TRAGEN.
Im Austausch erhielten sie Hequan (Inhaberpapiere), Vorläufer der Wechselbriefe, mit denen sie den Gegenwert bei einer anderen Genossenschaft erhalten konnten!
BITTE SCHÖN! EIN SCHEIN FÜR 10 000 KAI YUAN.
JETZT BIN ICH PLEITE!

DIESES PAPIERGELD WAR NOCH KEINE OFFIZIELLE WÄHRUNG, EHER EINE VEREINBARUNG ZWISCHEN GESCHÄFTSPARTNERN. ABER DER ZENTRALISTISCHE CHINESISCHE STAAT NAHM SICH DER ANGELEGENHEIT BALD AN.

Ab dem 8. Jahrhundert konnten Kaufleute von den Behörden Depositenscheine erhalten, sogenanntes Fei qian (fliegendes Geld[1]) als Sicherheit für hohe Beträge an Käsch.
KEINE SORGE, DEIN GELD FLIEGT NICHT WEG.
ÄHM ...

1. Eine andere bildhafte Bezeichnung war »leichter Geldwechsel« (Bianhuan).

Drei chinesische Verwaltungen, jeweils von einem Mandarin geleitet, durften diese offiziellen Wechselscheine ausstellen:
MICH INTERESSIERT IHR GELD.
Ministerium für Finanzen
BAUEN IN EINER SICH VERÄNDERNDEN WELT.
Amt für Steuereinnahmen
IHR GESUNDER MENSCHENVERSTAND.
Kommissariat für Eisen und Salz

Die Verbreitung dieses anfänglichen Schriftgeldes wurde zudem durch die ersten Experimente mit der Xylografie[2], dem Vorläufer des Buchdrucks gefördert.
WAS DRUCKST DU DENN DA?
FÄLLIGKEITEN VON SCHULDEN. ES SIND SO VIELE, DASS ICH NICHT ALLE PER HAND SCHREIBEN KANN. ICH UNTERZEICHNE NUR.

2. Reproduktion durch Vervielfältigen eines Textes oder Bildes mittels hölzernem Druckstock und Farbe.

Erst in der Song-Dynastie ab dem 10. Jahrhundert wurden die ersten Banknoten als gesetzliches Zahlungsmittel eingeführt, die sogenannten Jiaozi (wörtlich »Währung«).
IN DIESER ZEIT WIRD DAS DRUCKEN MIT BEWEGLICHEN LETTERN ENTWICKELT.
ERFINDUNGEN WIE KOMPASS, SCHWARZPULVER, DIE SCHAUFELRÄDER STAMMEN AUCH AUS DER SONG-DYNASTIE.
Qing
Jingzhao
Kaifeng
Shou
SONG-IMPERIUM
Fu
Gui
Guang

Diese Geldscheine wurden mit schwarzer Tinte über Holzdruckstöcke auf rosafarbenes Papier gedruckt. Sie stellten bereits ein kleines Vermögen dar.
UNMÖGLICH, SICH EINEN SCHEIN IN DIE TASCHE ZU STECKEN. WIR WERDEN GENAU BEOBACHTET.
KLAPPE HALTEN UND DRUCKEN!

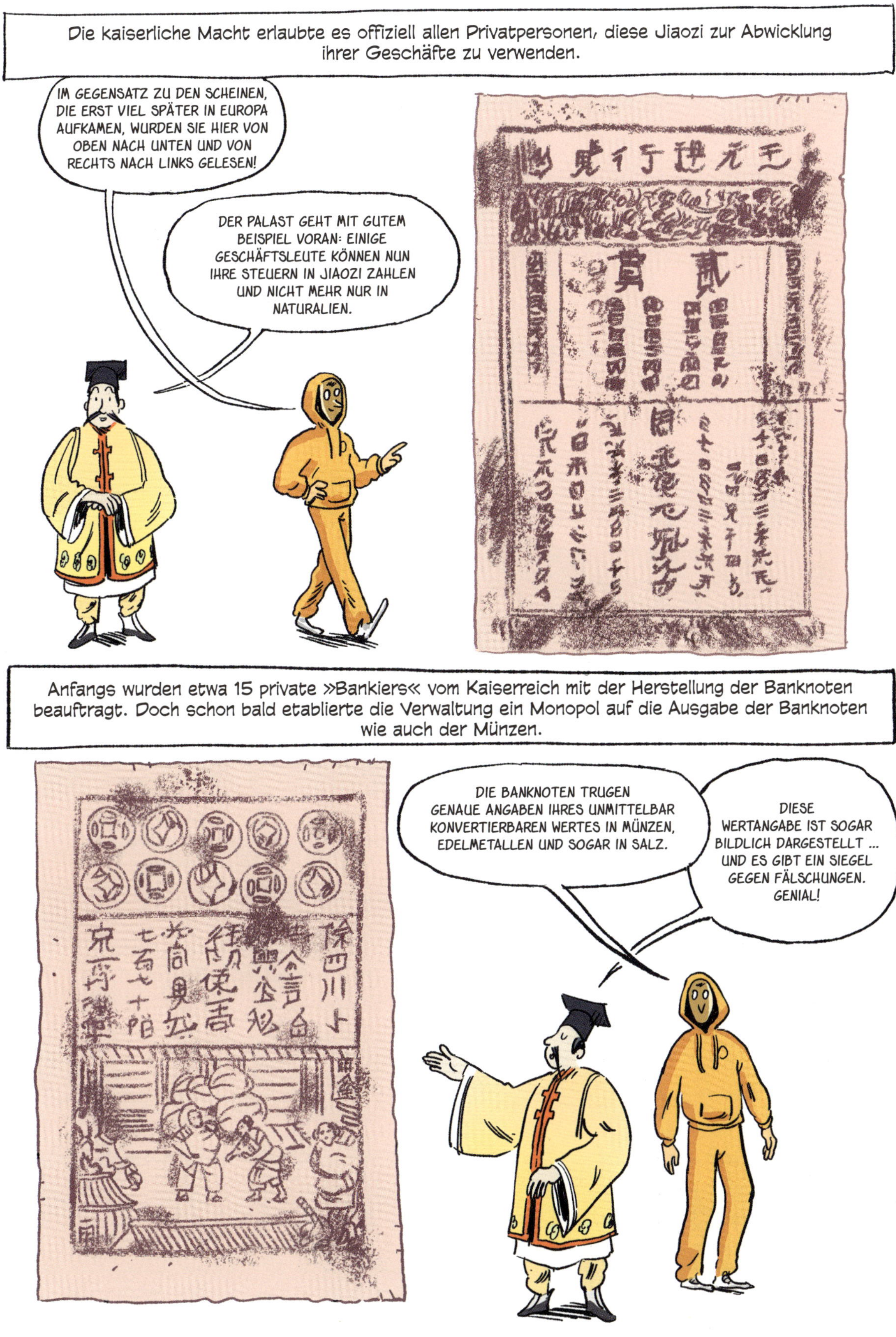
Die kaiserliche Macht erlaubte es offiziell allen Privatpersonen, diese Jiaozi zur Abwicklung ihrer Geschäfte zu verwenden.
IM GEGENSATZ ZU DEN SCHEINEN, DIE ERST VIEL SPÄTER IN EUROPA AUFKAMEN, WURDEN SIE HIER VON OBEN NACH UNTEN UND VON RECHTS NACH LINKS GELESEN!
DER PALAST GEHT MIT GUTEM BEISPIEL VORAN: EINIGE GESCHÄFTSLEUTE KÖNNEN NUN IHRE STEUERN IN JIAOZI ZAHLEN UND NICHT MEHR NUR IN NATURALIEN.
Anfangs wurden etwa 15 private »Bankiers« vom Kaiserreich mit der Herstellung der Banknoten beauftragt. Doch schon bald etablierte die Verwaltung ein Monopol auf die Ausgabe der Banknoten wie auch der Münzen.
DIE BANKNOTEN TRUGEN GENAUE ANGABEN IHRES UNMITTELBAR KONVERTIERBAREN WERTES IN MÜNZEN, EDELMETALLEN UND SOGAR IN SALZ.
DIESE WERTANGABE IST SOGAR BILDLICH DARGESTELLT ... UND ES GIBT EIN SIEGEL GEGEN FÄLSCHUNGEN. GENIAL!

Die kaiserliche Werkstatt für den Druck von Jiaozi wurde 1023 gegründet. Offiziell als eine Art Wechselstube bezeichnet, eröffnete sie schon bald weitere Filialen in den wichtigsten Städten.
WAS DRUCKEN WIR DENN HEUTE?
JIAOZI, DIE 3 JAHRE LANG GÜLTIG SIND.

Song Zhenzong, der dritte Kaiser der Dynastie, starb im Jahr zuvor, ohne je die »Banknoten« gesehen zu haben, deren verkannter Erfinder er war.
UND DOCH HATTE ICH ALLES GEPLANT …
… MEINE BEDIENSTETEN HATTEN DIESEN KOFFER HERGESTELLT, DAMIT ICH IHN MIT GELDSCHEINEN FÜLLTE!

Anfangs konnte man die Jiaozi in Barren oder Münzen umwechseln, aber ihr Wert verfiel nach 2, 3 oder 7 Jahren.
TATSÄCHLICH ETABLIERTE SICH DIESES ZAHLUNGSMITTEL LANGFRISTIG …

Schon bald fanden sich darauf die gleichen Angaben, die wir heute kennen: Herausgeber, Datum des Drucks, Rechtsgültigkeit, Staatsgarantie, Strafen für Fälschungen usw.

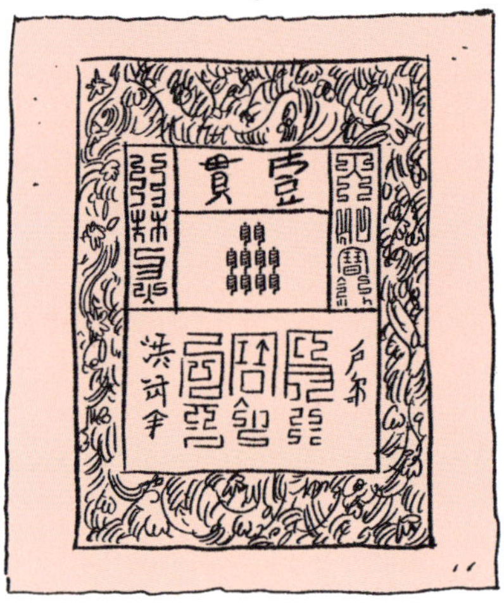

Dieser Schein im Wert von 1 Kuan, also 1000 Käsch-Münzen, zeigte den Gegenwert von 1000 Münzen an. Das Gewicht dieser Münzen hätte 3,5 Kilogramm betragen!

Dennoch war diese Situation nicht von Dauer.
VOR ALLEM AUS EINEM REIN PRAKTISCHEN GRUND: DIE SCHEINE WAREN NICHT SO HALTBAR WIE MÜNZEN.
Metallwährungen können Jahrhunderte überdauern, während sich das Papiergeld von damals innerhalb weniger Jahre abnutzte.
SOLL DAS EIN WITZ SEIN?
ÄH ... ES IST GESETZLICHES ZAHLUNGSMITTEL!
Um den Bestand zu erneuern, mussten also neue Scheine gedruckt werden. Diese neuen existierten neben den alten Banknoten und erhöhten die Geldmenge.
WAS IST DAS DENN? ICH HAB DIR DOCH BEIM LETZTEN MAL NEUE SCHEINE GEGEBEN.
KANN SCHON SEIN, ABER ICH HAB NOCH EIN PAAR GEBRAUCHTE. ICH WILL NICHT AUF IHNEN SITZEN BLEIBEN. ICH BIN DOCH GESCHÄFTSMANN!
Folge: Der Bestand an Tauschbarem – Käsch, Barren, Salz – wurde geringer als der Wert der Menge der im Umlauf befindlichen Banknoten. Das Vertrauen schwand, die Händler kehrten zum Hartgeld zurück.
NEIN, AB JETZT NEHM ICH NUR NOCH SILBERBARREN.
?!
Zudem war der Krieg mit den Mongolen an der Nordgrenze wieder ausgebrochen. Um ihr Reich zu retten und das Militär bezahlen zu können, mussten die Song mehr Geld auftreiben. Und es war günstiger, Geldscheine zu drucken, als Münzen zu prägen.
KAISERLICHE HOHEIT! DIE SOLDATEN VERLANGEN HÖHERE SOLDZAHLUNGEN.
DIE DRUCKSTÄTTEN SOLLEN AUCH BEI NACHT ARBEITEN!
Dies ist ein Syndrom, das vielen modernen Volkswirtschaften auch heute noch zum Verhängnis wird: Durch das übermäßige Gelddrucken wird fiktiv Wert geschaffen und das führt zu Inflation.

Ende des 13. Jahrhunderts löste die mongolische Yuan-Dynastie schließlich die Song-Dynastie ab. Sie wiederholte jedoch den Fehler ihrer Vorgänger: Man ließ wieder neue Banknoten drucken, die sogenannten Jiaochao, die im Laufe der Zeit im Vergleich zu den Reservewerten überhandnahmen.
WIR HABEN DIE JIAOCHAO AN DEN PREIS FÜR SEIDE GEKOPPELT, SIE WERDEN ALS STEUERZAHLUNG AKZEPTIERT, WAS BRAUCHT MAN MEHR? GARANTIERTE SKLAVENBESTÄNDE?
DIE CHINESEN KÖNNEN NICHT VERSKLAVT WERDEN, HOHEIT.

Dennoch machte das Beispiel der Jiaochao Schule und verbreitete sich sogar zunehmend. Die Herrscher des mongolischen Protektorats von Persien (1256–1335) gaben eine ähnliche Papierwährung heraus.
ABER WAS SIND DAS FÜR GELDSCHEINE?!
NA, SIE HABEN UNS DOCH BEFOHLEN, DIE JIAOCHAO ZU KOPIEREN …
ABER DOCH NICHT IN CHINESISCHEN SCHRIFTZEICHEN, DU IDIOT! WIR SIND IN PERSIEN[1]!

1. Stimmt wirklich: Die persisch-mongolischen Banknoten wurden in chinesischen Schriftzeichen gedruckt.

Nach und nach garantierte das kaiserliche China keine Konvertibilität der Banknoten mehr und beschleunigte damit den allmählichen Niedergang dieses ersten Papiergeldes.
HABEN WIR UNS DERMASSEN ZURÜCKENTWICKELT?
MÖCHTEN SIE LIEBER 350 KILO SALZ?

Noch vor dem 15. Jahrhundert war die Verwendung des Papiergeldes in China beendet. Doch in anderen Teilen der Welt hatte sie an Bedeutung gewonnen.
FALLS SIE SAMMLER SIND, ICH HAB EINIGE SEHR SELTENE JIAOZI …
VERLIEREN SIE MAL LIEBER NICHT DEN ÜBERBLICK!

Marco Polo[1] hatte Ende des 13. Jahrhunderts die Verwendung von Jiaochao beobachtet, als er am Hof von Kublai Khan in der Mongolei verweilte. Und eben dieser venezianische Reisende hatte das Konzept des Papiergeldes nach Europa gebracht!
UND NICHT DAS REZEPT FÜR SPAGHETTI, WIE DAUERND BEHAUPTET WIRD!
DIESES IN GROSSEN MENGEN GEDRUCKTE PAPIERGELD ZIRKULIERTE IN ALLEN TEILEN DER HERRSCHAFTSGEBIETE DES GROSSKHANS. NIEMAND RISKIERTE SEIN LEBEN, INDEM ER SICH WEIGERTE, ES ALS ZAHLUNGSMITTEL ZU AKZEPTIEREN. SEINE GEFOLGSLEUTE BENUTZTEN ES OHNE ZU ZÖGERN, DENN BEI JEDEM DENKBAREN GESCHÄFT KONNTEN SIE DAMIT WAREN WIE PERLEN, SCHMUCK, GOLD ODER SILBER ERWERBEN. DAMIT KONNTE DANN JEDER ANDERE ARTIKEL GEKAUFT WERDEN.

1. Marco Polo, *Das Buch der Wunder.*

So begannen italienische Kaufleute im 14. Jahrhundert, mit der gleichen Art von Gutscheinen zu handeln wie ihre Tang-Kollegen ... 6 Jahrhunderte zuvor!
MITTLERER OSTEN
ABER DIES IST EINE ANDERE GESCHICHTE. WIR VERLASSEN CHINA JETZT ...
... UND WENDEN UNS IN RICHTUNG MITTLERER OSTEN, WO EINE WEITERE HOCH ENTWICKELTE KULTUR IM BEREICH DER GELDPOLITIK VON SICH REDEN MACHTE!

KAPITEL 4

DAS KAPITAL VON ALLAH & CO

WÄHREND DER LÄNGSTEN ZEIT DER MITTELALTERLICHEN EPOCHE WAR DIE ARABISCH-MUSLIMISCHE ZIVILISATION IM »WESTEN« DIE VORHERRSCHENDE.
ICH SETZE ANFÜHRUNGSZEICHEN, DENN FÜR UNS IST »DER WESTEN« GLEICHBEDEUTEND MIT EUROPA. ABER FÜR DIE CHINESEN DER TANG-DYNASTIE IM 9. JAHRHUNDERT UMFASSTE DIESES GEBIET PERSIEN UND ES REICHTE BIS ZUM ARABISCH-MUSLIMISCHEN SPANIEN.
EINE FRAGE DER PERSPEKTIVE.

Das arabisch-muslimische Reich beherrschte zu seiner Blütezeit vor dem Jahr 1000 den gesamten Mittleren Osten und Nordafrika bis hin zur Iberischen Halbinsel. Die Hauptstadt Bagdad machte Chang'an[1] den Status der größten Stadt der Welt streitig.
FEUDALES EUROPA
BYZANTINISCHES REICH
Aleppo
Kabul
Bagdad
Tripolis
Alexandria
ARABISCH-ISLAMISCHES REICH
Sanaa
DIE ARABISCHE ZIVILISATION LAG SOMIT IM ZENTRUM DER WIRTSCHAFTLICHEN ENTWICKLUNG DER ALTEN WELT. IHRE HERAUSRAGENDE STELLUNG ZEIGTE SICH BEI WAFFEN UND BÜCHERN, SOWIE IN WISSENSCHAFT UND KUNST. SELBSTVERSTÄNDLICH BESASS SIE ...
... AUCH EINE EIGENE WÄHRUNG!

1. Hauptstadt der Tang-Dynastie (heute Xi'an).

DIESE WÄHRUNG, WAR DER GOLDDINAR ...
... EINE SEHR WERTVOLLE MÜNZE, ZU 97 PROZENT AUS REINEM GOLD.

Diese Münze hatte einen außergewöhnlichen Werdegang und war die Nachfolgerin einer Reihe von Goldmünzen, denen wir bereits begegnet sind.
KRESEIDE
DAREIKOS
STATER
DENAR
SOLIDUS
DINAR
Die ersten Dinare waren Nachahmungen des Solidus[2], der vorherrschenden byzantinischen Währung im frühen Mittelalter im Mittelmeerraum.

2. Auch als Besant bezeichnet.

Denn um ihre militärische Expansionsstrategie zu festigen, brauchen die arabischen Muslime eine mächtige Währung mit Erkennungswert für jedermann.
DAS SIEHT FAST AUS WIE EIN SOLIDUS ... ICH WEISS NICHT, OB ICH DEN ANNEHME.
NIMM IHN ODER DER KOPF IST AB!
Sie ahmten also die Prägung des byzantinischen Solidus nach, allerdings mit einem Unterschied.
Keine Abbildung von Köpfen mehr, die Münzen wurden nun mit Zitaten des Propheten versehen.
DER DINAR WAR AUSDRUCK DER NEUEN RELIGION!
Bis dahin hatte die Verzierung der Metallmünzen im Dienst irdischer Mächte gestanden.
Im antiken Griechenland verkörperten Eule und Olivenzweig auf der Athener Drachme die Weisheit der Stadt.
Der römische Aureus versinnbildlichte die Siege des Kaisers Augustus in Germanien.
Im Jahr 697, gleich zu Beginn der Ausbreitung des Islam, vereinheitlichte der Umayyadenkalif[1] Abd al-Malik das arabisch-islamische Geldsystem, indem er den Münzen allseits bekannte Namen gab.
Das Wort Golddinar war vom römischen Denar inspiriert ...
... der silberne Dirham von der griechischen Drachme ...
... der kupferne Fils vom byzantinischen Follis.

1. Dynastie, die der der Abbasiden vorausging.

Im 8. Jahrhundert[1] wurde der Solidus, die Währung, die die Vorherrschaft von Byzanz im Europäischen Handel ermöglicht hatte, von seinem Avatar verdrängt: der neuen arabischen Währung.
... DIESE HÄNDLER AUS DER LEVANTE VERLANGEN VON UNS ALSO DINARE ANSTELLE UNSERER WÄHRUNG ...
DANN IST UNSER SOLIDUS WOHL NICHT MEHR SO SOLIDE WIE ZUVOR'?!
ÄH, JA, BASILEUS.
DEM LÖWEN ZUM FRASS!

1. Zu jener Zeit war der Anteil an reinem Gold im Solidus auf etwa 80 Prozent gesunken.

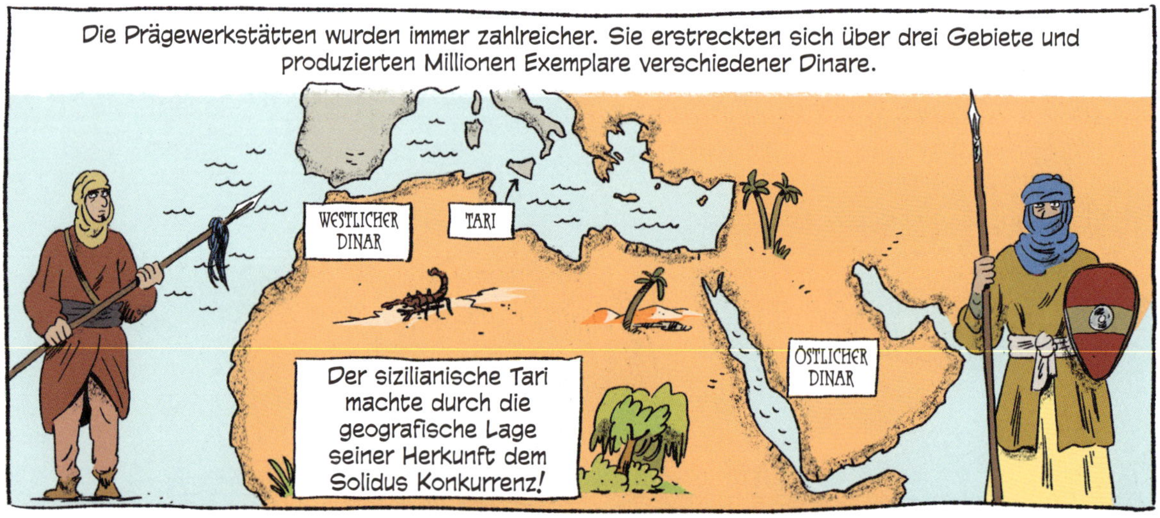
Die Prägewerkstätten wurden immer zahlreicher. Sie erstreckten sich über drei Gebiete und produzierten Millionen Exemplare verschiedener Dinare.
WESTLICHER DINAR
TARI
ÖSTLICHER DINAR
Der sizilianische Tari machte durch die geografische Lage seiner Herkunft dem Solidus Konkurrenz!

Ein Jahrhundert später, 781, hatte Karl der Große Mühe, eine stabile Währung auf der Grundlage eines neuen Silberdenars zu etablieren, der immer schwächer wurde.[2]
GLÜCKLICHERWEISE WIRD DIESER MISSERFOLG KAUM IN GESCHICHTSBÜCHERN ERWÄHNT.
1 Livre (Silber) = 20 Sou = 240 Denier (Denar). (1 Sou entspricht 12 Denier).

Zur gleichen Zeit imitierte Offa[3], einer der ersten Könige auf dem Weg zur Vereinigung Englands, den Denar Karls des Großen, und zwar mit seinem Penny, den es heute noch gibt.
ABER NIEMAND WILL IHN IM MITTELMEERRAUM HABEN. ALLE WOLLEN NUR DIESEN VERDAMMTEN DENAR.
Offa übernahm das römische Duodezimalsystem: 1 Pound = 20 Schilling = 240 Pence.

2. Wie die umayyadischen Kalifen hatte sich auch Karl der Große vom Denar der Römer inspirieren lassen.
3. Offa, König von Mercien in den Jahren 757–796 n. Chr.

Das abbasidische Kalifat seinerseits profitierte von einer enormen Schubkraft für seine Wirtschaft: der muslimischen Religion, die dem Handel generell sehr positiv gegenüberstand.
ICH SEH EINEN, DER KEINEN HANDEL BETREIBT.
WÄCHTER, EINGREIFEN!

Mohammed selbst stammte aus einer Familie von Kaufleuten. Und arbeitete eine Zeit lang als Karawanenhändler in Mekka.
»PROPHET« HAT MEHR KLASSE.

FÜR DIE GLAUBENSGELEHRTEN GAB ES KEINE UNVEREINBARKEIT ZWISCHEN DEM ISLAM UND DEM STREBEN NACH PERSÖNLICHEM FORTKOMMEN, INSBESONDERE DURCH DAS PRINZIP DES PROFITS.
RECHT HAT ER, DIESER KONFUZIUS ...

ERGEBNIS: IN BEZUG AUF DAS EINKOMMEN WAR DIE ARABISCH-MUSLIMISCHE DIE REICHSTE DER DREI BEDEUTENDSTEN HOCHKULTUREN DES 9. JAHRHUNDERTS.
ALLAH SEI DANK SIND WIR SO GUT IM VERHÖKERN.
ACH, DAHER DER HÖCKER!

850 n. Chr.	Bevölkerung (in Millionen)	Einkommen (in Tonnen Silber)	Einkommen pro Einwohner (in Gramm Silber)
Tang	50	2145	43
Byzanz	10	150	15
Abbasiden	26	1260	48

Um an das Edelmetall zu gelangen, begnügten sich die arabischen Muslime nicht damit, die Paläste ihrer Gegner zu plündern. Sie trieben intensiven Handel mit den Minen der weit entfernten und geheimnisvollen »Goldküste« in Westafrika.
Fes
Tunis
Marrakesch
Sidschilmasa
Ghadames
Taghaza
SEI STILL UND GEH WEITER.
IN CÓRDOBA IST ES WENIGER HEISS.
ALL DAS GOLD WURDE WIEDER EINGESCHMOLZEN UND MILLIONEN VON DINAREN WURDEN DARAUS PRODUZIERT.

Dank des in der Wüste sehr anspruchslosen Dromedars konnten die Händler ihre Goldlagerstätten innerhalb weniger Wochen erreichen.
SALAM ALEIKUM, IST'S NACH TIMBUKTU NOCH WEIT?
WA ALEIKUM ASSALAM, NEIN, NICHT MEHR WEIT. EINFACH GERADEAUS. WENN SIE DAS MEER SEHEN, SIND SIE SCHON ZU WEIT.

Zum Tausch gegen Edelmetall brachten die arabischen Händler ... Salz mit.
KOMM SCHON, WIR HATTEN DOCH EINE UNZE SALZ FÜR EINE UNZE GOLD GESAGT.
DAS BRICHT MIR DAS HERZ, GIB MIR EIN BISSCHEN MEHR!
Das Salz war so wertvoll für die Afrikaner, dass es längst zu einer echten Währung geworden war!
NA GUT, ABER BESORG MIR ZUM NÄCHSTEN MAL MEHR GOLD.
KEIN PROBLEM, WIR MACHEN EH NIX MIT DIESEM GELBEN METALL!
IN EINER ZEIT, IN DER GANZ EURASIEN NACH GOLD SUCHTE, GALT SALZ IMMER NOCH ALS WERTVOLLES TAUSCHMITTEL IN ÄQUATORIALAFRIKA.
Seit Urzeiten war das begehrteste Salz das hellbraune Steinsalz aus der Sahara mit seinem hohen Natriumgehalt. Es war für die Konservierung von Lebensmitteln und zum Kochen unverzichtbar.
DAHER DER AUSDRUCK »DAS WEISSE GOLD«.
DIES ZEIGT UNS, DASS JEDE ZIVILISATION IHREN EIGENEN WEG IN BEZUG AUF ZAHLUNGSMITTEL GEHT; ES GIBT KEINE UNIVERSELLE VORSTELLUNG VON GELD.
In Nordamerika tauschten die Irokesenstämme Wampums (Gürtel, die mit Perlen und Muscheln hergestellt wurden). Sie taten dies bis zur Ankunft der europäischen Siedler.
Die Fang in Afrika verwendeten ein Jahrtausend lang Biki, eine Art Nägel mit abgeflachtem Kopf, die zu dritt oder zu zehnt zusammengebunden wurden.

Mit ihrem Golddinar schufen die arabischen Muslime die erste interkontinentale Währung: Diese gelangte über die Seidenstraße bis ins ferne China und war überall anerkannt und akzeptiert. Der Dollar des Mittelalters!
SCHAU, MEIN SOHN, HIER WERDEN WAREN AUS DER GANZEN WELT UMGESCHLAGEN.
FINDEN WIR HIER AUCH EINE BARBARISCHE SKLAVIN?
Die Hafenstadt Basra war ein florierendes Handelszentrum. Im Landesinneren lag die Hauptstadt Bagdad, eine neue Stadt mit einer Million Einwohnern.
SEIDE AUS CHINA, DÜFTE AUS DEM JEMEN, ELFENBEIN AUS OSTAFRIKA.
UND WAS IST MIT DER SKLAVIN?
FELLE AUS GERMANIEN, PELZE VON DEN BEWOHNERN DES NORDENS ...
ICH WILL EINE BARBA-RISCHE SKLAVIN!

Theoretisch hätte diese enorme Entwicklung wie bei den Christen durch ein Verbot eingeschränkt werden müssen: das Zinsverbot, im Arabischen Ribā.
DER ZINSWUCHER IST EIN INSTRUMENT DES TEUFELS. DAS SAGT UNSER PROPHET AUSDRÜCKLICH. JESUS IM ÜBRIGEN AUCH. SO WIE AUCH NOAH UND ABRAHAM.
ABER SICHER, BEI ALLAH!

In der Praxis gab es eine Reihe von Tricks, um Zinsen zu berechnen, wobei diese Vereinbarungen von den Koranschulen meist geduldet wurden.
GUT, ICH KAUF DIR DAS HAUS, IN DEM DU LEBEN MÖCHTEST. DU ZAHLST MIR DIE MIETE FÜR DIE NÄCHSTEN 5 JAHRE. DANN VERKAUFE ICH DIR DAS HAUS ZUM URSPRÜNGLICHEN PREIS.
DAS IST NICHT GERADE HALAL[1], ABER GUT ... WIR SIND JA BEIDE GUTE MUSLIME.

1. »Zulässig« im allgemeinen Sinne.

Darüber hinaus lebten und arbeiteten Millionen von Juden seit Jahrhunderten im arabisch-muslimischen Reich. Untereinander handelten sie zwar nach folgendem Gebot:
NIMM KEINEN ZINS[2] VON DEINEM BRUDER.
... SONST HIESSE ES, ZEIT ZU STEHLEN, DENN ZEIT IST GELD, ABER DIE ZEIT GEHÖRT GOTT. JA, RABBI.

Sie sahen es aber nicht zwangsläufig als religiöse Pflicht gegenüber Christen und Muslimen an. Sie hielten es sogar für tugendhaft, da einen eigenen Vorteil herauszuholen.
DOCH GELD BRINGT FRÜCHTE, ES MUSS ARBEITEN.
MAN KANN ALSO GELD AN NICHTJUDEN MIT ZINSEN LEIHEN, DENN DA HABEN ALLE ETWAS DAVON. DURCH DIE SCHAFFUNG VON NEUEM REICHTUM NIMMT MAN DEN REICHTUM ANDEREN NICHT WEG.

2. Zins im Talmud kann auch als »Bissen« übersetzt werden.

JENSEITS ALLER DOGMATIK GALT ALSO REICHTUM ALS EIN GESCHENK GOTTES, HANDEL ALS SEINE MANIFESTATION, GELD ALS SOLIDARITÄTSSTIFTEND AUF ERDEN.
HE, DU DA, MIT DEINEN MERKWÜRDIGEN ANSICHTEN ... BRAUCHST DU EINEN KLEINEN VORSCHUSS? DINAR, BESANT, DENAR? NICHT TEUER FÜR LEPRAKRANKE.

Der Handel wuchs im gleichen Maße wie die Expansion des arabisch-islamischen Reiches. Jüdische, persische oder arabische Kaufleute wurden zu kundigen Akteuren des ersten »internationalen« Handels.
ICH HAB VERWANDTE BEI DEN UNGLÄUBIGEN. DU SOLLTEST IHNEN DIESEN REIS VERKAUFEN, EIN WICHTIGER BESTANDTEIL IHRER KÜCHE[3].
ACH JA, BEI ALLAH!?
ICH KANN DIR DAS GELD FÜR DIE REISE VORSTRECKEN, WENN DU WILLST.
UND MICH DAFÜR AN DEN ZINSEN VERBLUTEN LASSEN? NEIN DANKE.

3. Reis diente ursprünglich als edle Zutat in feudalen Häusern.

Wie auch im fernen Tang-China erforderte die Situation eine Hinwendung zu einem schriftlichen Zahlungsverkehr. Die abbasidischen Händler erfanden daraufhin ein alternatives, uns vertrautes Zahlungsmittel: den Sakk oder Scheck.
DU KANNST IN DAMASKUS BEI MEINEM ALTEN FREUND AL-THERO FIL MIT DIESEM GUTSCHEIN AUF DEINEN NAMEN BEZAHLEN.
GUT. ICH ÜBERREICHE IHM DIESEN SAKK UND ER ZAHLT MIR DEN EINGETRAGENEN BETRAG AUS.
WENN ER DEINEN NAMEN ERKENNT, WIRD ER ES TUN.
ABER WAS, WENN ER MEINEN NAMEN NICHT ERKENNT?
DANN WIRD ER ES LASSEN, MASCHALLAH.
ENTGEGEN DER LANDLÄUFIGEN ANSICHT STAMMT DAS WORT »SCHECK« NICHT VOM ARABISCHEN SAKK[1]. DIE ABBASIDEN WAREN JEDOCH SEHR WOHL DIE ERFINDER DIESES GUTSCHEINS, DER AN DEN EINGETRAGENEN EMPFÄNGER AUSZUZAHLEN IST.
Manchmal berechnete der »Bankier«, der das Geld auszahlte, eine Provision für die Transaktion von bis zu 10 Prozent. Das war die Erfindung der Bankgebühren!
WENN DIESER FREUND MEINES VATERS DEN GLEICHEN ZINS BERECHNET WIE IN BAGDAD ...
... VON 1 DIRHAM FÜR 1 DINAR[2], DANN GEHT ES UNS SCHLECHT!

1. Eher vom englischen Verb to check (»kontrollieren, prüfen«), laut Alain Rey: *Dictionnaire historique de la langue française*.
2. In der vom Kalifen Abd al-Malik auferlegten Skala waren 10 Silberdirham = 1 Golddinar.

Im Jahr 1000 bewahrten in Bagdad alle wichtigen Kaufleute der Metropole ihre Dinare in Truhen auf und tauschten Inhaberpapiere aus, wie es im 20. Jahrhundert üblich sein sollte.
BEI WEM BEWAHRST DU DEINE DINARE AUF?
SPINNST DU? DAS SAGE ICH DIR NICHT!
ALLE WISSEN ES: BEI DIESEM BLÖDMANN VON AL-KREDIT EL-SHEIR.
ER STRANGULIERT UNS MIT DEN KOSTEN DER AUFBEWAHRUNG, DIESER WÜSTENHUND.

WELCH KONTRAST ZU DEN FEUDALEN KÖNIGREICHEN EUROPAS ZUR GLEICHEN ZEIT! ZU BEGINN DES JAHRTAUSENDS WAR DAS VON DEN KAROLINGERN ÜBERNOMMENE WÄHUNGSSYSTEM BEDEUTUNGSLOS GEWORDEN. ES GAB KEINE MIT DEM DINAR ODER DEM BESANT VERGLEICHBARE WÄHRUNG.
Deutscher Denar (Pfennig) von Friedrich Barbarossa.
ER IST ZU DÜNN GEWORDEN, MAN KANN IHN NUR AUF EINER SEITE GRAVIEREN, DAS VERDIRBT DAS HANDWERK!
Denaro von Venedig, aus der Dogenrepublik.
ER ENTHÄLT NUR 15 PROZENT SILBER, DAHER WIEGT ER NUR NOCH 0,4 GRAMM, VIERMAL WENIGER ALS DER DENAR VON KARL DEM GROSSEN[1].
Denier aus Paris (Parisis), aus der Pariser Münze.
ER IST 20 PROZENT MEHR WERT ALS SEIN IN TOURS GEPRÄGTES ÄQUIVALENT, DA DIE GEWICHTSMASSE NICHT DIE GLEICHEN SIND WIE AUF DEM LANDE[2]!
ES GAB KEINE EINHEITLICHE WÄHRUNGSDISZIPLIN. JEDER PRÄGTE IN SEINER GEGEND SEIN EIGENES GELD, ALSO HERRSCHTE DURCHEINANDER UND DIE MÜNZEN WAREN NICHTS MEHR WERT.

1. Etwa 2 Gramm Metall.
2. Die in der Touraine verwendete Marc Tournois war vier Fünftel der in Paris verwendeten Marc Parisis wert. Die Marc war eine Gewichtseinheit für Silber (für Gold: Unze).

DIE EINZIGE AUSNAHME WAR DER ENGLISCHE PENNY, DESSEN QUALITÄT, ALSO DAS GEWICHT IN SILBER, SEIT WILHELM DEM EROBERER UNVERÄNDERT GEBLIEBEN WAR: 1,5 GRAMM.
DIESE WÄHRUNG WAR DAHER SEHR BEGEHRT, ZUMINDEST IN EUROPA. MAN NANNTE SIE AUCH STERLING, WAS VON DEM WORT EASTERLING[3] STAMMT.

3. Bezeichnet im Altenglischen die Kaufleute der Hanse. Später wurde daraus das Pfund Sterling.

Währenddessen wurden auf der anderen Seite des Mittelmeers zunehmend Suftaja ausgestellt, die Vorläufer des Kreditbriefes, jenes Finanzinstruments, das in der Renaissance gebräuchlich wird.
BRING MEINEM ALTEN FREUND MIRZA IN BOUKHARA[1] DIESE SUFTAJA.
GUT, UND WENN ER MICH NICHT KENNT, SO KENNT ER DOCH DEN NAMEN UNSERES HAUSES. DANN ZAHLT ER AUCH AUS!
JA, BEI ALLAH, UNSERE FAMILIEN KENNEN SICH DOCH.

1.Heutiges Usbekistan, wichtiger Ort an der alten Seidenstraße.

Allerdings waren Sakk und Suftaja kein Papiergeld, die staatlichen Behörden garantierten keine Konvertibilität. Dieses System der privaten schriftlichen Währungen beruhte auf dem guten Ruf der Händler.
ICH WÜRDE NIEMALS EIN PAPIER FÜR JEMANDEN UNTERSCHREIBEN, DEN WIR NICHT KENNEN ODER DER UNS NICHT EMPFOHLEN WURDE. MERK DIR DAS GUT!
VERSTANDEN, VATER.
IM GEGENSATZ ZU CHINA KONNTE MAN DAMIT KEINE STEUERN BEZAHLEN.

In der arabisch-muslimischen Welt entwickelten sich der Markt und die Zahlungsmittel unabhängig von der politischen Verwaltung, im Gegensatz zum kaiserlichen China.
DIE STEUEREINNAHMEN STEIGEN NICHT, SAGST DU. WIE SOLL DAS GEHEN, WENN UNSER IMPERIUM JEDES JAHR WÄCHST?
ICH GLAUBE, DIE GLÄUBIGEN WISSEN SICH SELBST ZU HELFEN, BEI ALLAH!

Die Ulemā[2] predigten überall die neue Religion, organisierten aber auch den Markt, indem sie Bauern, Erzeuger und exportierende Händler zusammenbrachten. Der berühmte Souk, den man noch heute im Herzen aller Städte der arabischen Welt findet, ist ein Ausdruck davon: Er war der gesellschaftliche Treffpunkt.
HIER, DU BEKOMMST 10 AMPHOREN MIT AUSGEZEICHNETEM ÖL AUS DEM LAND DER ZEDERN. NUN LIEGT ES AN DIR, SIE ZUM BESTEN PREIS ZU VERKAUFEN.
ICH HAB EINEN SEHR GUTEN KONTAKT IN ZYPERN.
NATÜRLICH WIEDER KEIN WORT ZU DEN WALIS[3].

2. Die Religionsgelehrten des Islam.
3. Eine Art Provinzgouverneure.

Die Behörden des Kalifats ihrerseits übernahmen die militärische Organisation, die mit der Ausbreitung des Islams verbunden war, insbesondere durch die Rekrutierung eines Korps von Militärsklaven.
DAS SIND DIE MAMELUCKEN, STARK WIE DIE TÜRKEN! DAS IST UNSERE ARMEE.
WARUM SKLAVEN KAUFEN?
WIR NEHMEN KEINE GLÄUBIGEN ALS SOLDATEN, UM NICHT ZU RISKIEREN, DASS SIE GEGEN ANDERE GLÄUBIGE KÄMPFEN MÜSSEN.

Diese Mamelucken kamen zum größten Teil aus den östlichen Steppen. Sie waren hervorragend ausgebildet und gehörten zu den bestbezahlten Soldaten der Geschichte[1].
ICH HAB ZU VIELE DINARE FÜR MICH UND MEINE FAMILIE. ES IST ZEIT, IN EIN FESTES HAUS ZU INVESTIEREN.
SCHAUEN WIR MAL IN POITOU, MIR WURDE GESAGT, DASS DAS HINTERLAND SCHÖN IST UND RECHT GÜNSTIG.

1. Das Vierfache des Soldes eines römischen Legionärs, der schon in der Antike der bestbezahlte Soldat der Welt war.

Die politische Expansion des Islams verbreitete auf erstaunliche Weise die ersten Grundlagen eines wirtschaftlichen Liberalismus. Ein Beispiel dafür war die Festlegung von Preisen, laut muslimischen Rechtsgelehrten keinesfalls Sache der Behörden.
JEDE EINMISCHUNG DER BEHÖRDEN IN DIE REGELN DES HANDELS IST EIN SAKRILEG. ALLAH HAT DIE MÄRKTE GESCHAFFEN, UM SICH SELBST ZU REGELN. DAS IST DIE NATÜRLICHE ORDNUNG DER DINGE.
SAGT DER PROPHET NICHT, DASS DIE PREISE STEIGEN UND FALLEN WIE EBBE UND FLUT?

DAS ERKLÄRT DIE VORSTELLUNGSWELT VON ZWEI GESELLSCHAFTEN, DIE SICH UNTERSCHIEDLICH ENTWICKELT HABEN: IM SÜDEN DER GESCHÄFTSMANN, IM NORDEN DER WAFFENTRÄGER.
KÄMPFT, LEUTE, KÄMPFT!
KAUFT, LEUTE, KAUFT!

In dem großen arabischen Klassiker *Tausendundeine Nacht* ist Sindbad der Seefahrer übrigens Kaufmann. Seine Abenteuer sind Metaphern ferner Orte, an denen seine Kollegen erfolgreich Handel treiben.

IM 11. JAHRHUNDERT ÖFFNETE SICH SCHLIESSLICH DAS FEUDALISTISCHE EUROPA UND ERSCHIEN WIEDER AUF DER BILDFLÄCHE.
DER DINAR ÜBTE JEDOCH EINEN SO STARKEN EINFLUSS AUF DIE WIRTSCHAFT DES MITTELMEERRAUMES AUS, DASS DIE CHRISTLICHEN HERRSCHER, DIE IN DIREKTEM KONTAKT MIT DEM ARABISCH-ISLAMISCHEN REICH STANDEN, ZU EINER ERSTAUNLICHEN PRAXIS GRIFFEN.
WESTLICHE WELT
Rom
Athen
Tunis
ARABISCH-ISLAMISCHE WELT
Tripolis
SIE PRODUZIERTEN IMITATIONEN ARABISCH-MUSLIMISCHER MÜNZEN, OFFIZIELLE FÄLSCHUNGEN!
Raimund Berengar I., Graf von Barcelona, Girona, Osona, Carcassonne und Rasès, ließ seine eigenen Golddinare prägen.
DAS IST TEUFELSZEUG!
NEIN, EHRWÜRDIGER VATER, ES IST PRAGMATISCH.
DING
DING
In Süditalien wurden in den Werkstätten von Salerno und Amalfi Vierteldinare aus Silber und Golddinare produziert, christliche und arabische Symbole wurden dabei zuweilen vermischt.
MADE IN SALERNO, WAS BEDEUTET DAS? IST DAS ARABISCH?
NEIN, DAS IST HUMOR.
Nach der normannischen Rückeroberung gingen die christlichen Herrscher in Sizilien ähnlich vor und imitieren Tari[1] und Kharub[2].
WÄRE ES NICHT EINFACHER, UNSERE EIGENE WÄHRUNG ZU SCHAFFEN?
SEI STILL UND HÄMMER WEITER!

1. Sizilianische Bezeichnung für den Golddinar.
2. Kleine Silbermünze fatimidischen Ursprungs (nordafrikanische Dynastie, Konkurrenz zu den Abbasiden), die einem Sechstel eines Dirhams entsprach.

Die Christen fälschten jahrhundertelang die arabischen Münzen. Ihre Verwendung war vielfältig.

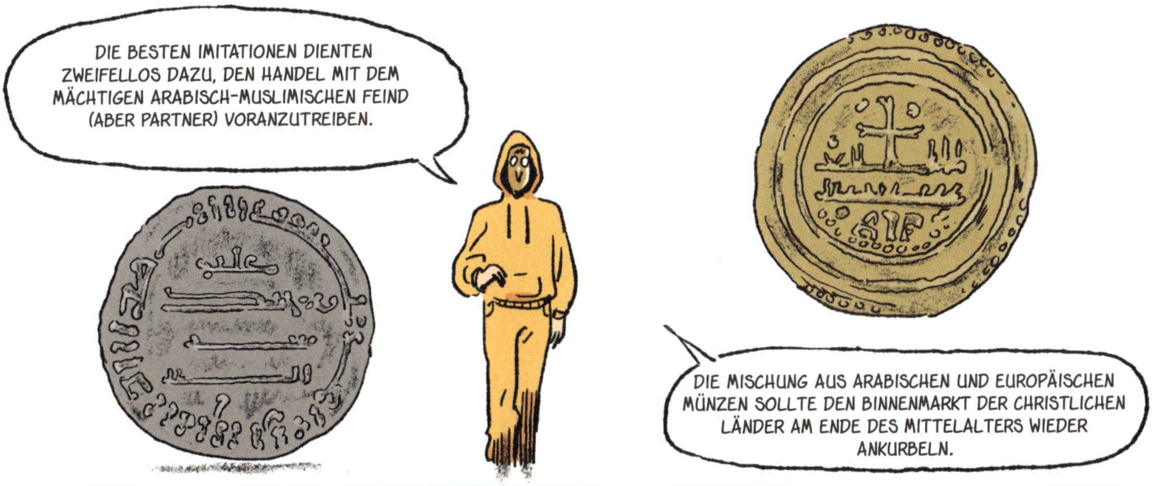
DIE BESTEN IMITATIONEN DIENTEN ZWEIFELLOS DAZU, DEN HANDEL MIT DEM MÄCHTIGEN ARABISCH-MUSLIMISCHEN FEIND (ABER PARTNER) VORANZUTREIBEN.
DIE MISCHUNG AUS ARABISCHEN UND EUROPÄISCHEN MÜNZEN SOLLTE DEN BINNENMARKT DER CHRISTLICHEN LÄNDER AM ENDE DES MITTELALTERS WIEDER ANKURBELN.

Der Beginn der Kreuzzüge Ende des 11. Jahrhunderts mit dem Bestreben, das »Heilige Land« zu erobern und einen christlichen Orient zu schaffen, verstärkte diese Entwicklung.

DER ORT IST EINGENOMMEN. SOLLEN WIR DIE SARAZENEN ABSCHLACHTEN?
FINDET LIEBER DIE PRÄGEWERKSTATT. UND SCHNAPPT EUCH DIE ORIGINALE.

Seit der Eroberung von Akkon im Jahr 1104 durch König Balduin I. prägten die Kreuzfahrer vor Ort ihre eigenen Dinare mit arabischem Material. Später imitierten sie Besants, Silberdrachmen und sogar Denare!

Neben der Wiederbelebung des Handels brachten zwei Jahrhunderte Kreuzzüge auch einen enormen Bedarf an Münzen mit sich, um Söldner und Soldaten zu entlohnen, Kreuzfahrer und Geistliche auszurüsten und sogar Lösegeld für Kriegsgefangene zu zahlen!
EINE FEHLT!!
?!
DANN ZÄHL NOCH MAL!
Schon bald stießen die Christen auf dasselbe Problem wie die Muslime: Es war unmöglich, die Mengen an Geld, die benötigt wurden, zu erhalten.
AIAIAI, DAS IST DIE DRITTE IN DIESEM MONAT.
DEN PIRATEN IST NICHT KLAR, DASS SIE UNS IN DIE INFLATION STÜRZEN!
Glücklicherweise fand ein berühmter christlich-religiöser Orden innovative Lösungen für das Geldwesen: der Templerorden.
DER SCHATZ DER TEMPELRITTER. WISSEN SIE, WAS DAS IST?
GANZ EINFACH: UNSER FINANZIELLES KNOW-HOW!
PARDON, HATTET IHR TEMPLER NICHT WIE ALLE MÖNCHE EIN ARMUTSGELÜBDE ABGELEGT?
HAHAHA, SEHR LUSTIG!
DIESES GELÜBDE BETRIFFT NUR EINZELNE PERSONEN, NICHT DEN GANZEN ORDEN!
ABER LASSEN SIE MICH DAS GENAUER ERKLÄREN.

ANDERS ALS OFT BEHAUPTET, WAR DER TEMPLERORDEN KEINE BANK.
ER BETRIEB JEDOCH BANKGESCHÄFTE.
RICHTIG!
Zunächst wurden Depots eingeführt: Reiche deponierten ihre Werte hinter den Mauern der uneinnehmbaren Festungen im Westen und auch im Heiligen Land.
HIER ENTLANG, MEIN HERR, IHRE JUWELEN UND BESANTS WERDEN HIER IN TRIPOLIS IN SICHERHEIT SEIN.
WAR HIER ETWA NOCH NICHT DER ÜBERFALL ERFUNDEN?
Dreimal im Jahr wurde die Buchhaltung überprüft und der Kunde erhielt einen Kontoauszug über den Stand seiner Werte.
ICH BESITZE ALS EINZIGER DEN SCHLÜSSEL ZU DIESEM SICHERHEITS-SCHRANK[1].
ICH HOFFE, ER WIRD GUT BEWACHT.
Denn die Einlagen waren nicht passiv, sondern in Bewegung: Ein Kunde konnte sehr wohl etwas von seinem Geld »abheben« oder sogar aus der Ferne einen Gläubiger über den Templerorden bezahlen.
ICH SCHULDE DEM KAUFMANN AL-YAZID 200 PFUND FÜR MEINE WANDTEPPICHE AUS DAMASKUS. SCHREIBEN SIE ZU SEINEN GUNSTEN EINE ZAHLUNGSANWEISUNG AN DEN SCHATZMEISTER DER KOMMANDANTUR VON TRIPOLIS.
JA, SIRE, PER BRIEF TUT ES WENIGER WEH ALS MIT EINEM SACK VOLLER SOUS UND DENARE.

1. Vorläufer des Tresors, damals aus Holz.

IHR KANNTET ALSO BUCHGELD.
NATÜRLICH!
IHR WART VON ANFANG AN VON DER ARABISCH-MUSLI-MISCHEN WELT BEEINFLUSST.
DAS GEHÖRT ZU UNSEREN KLEINEN GEHEIMNISSEN ...
Es konnte nicht all das Geld transportiert werden, das der christliche Orient brauchte, auch wenn regelmäßig viele Sicherheitsschränke der reichen Kunden auf die Reise gingen.
WIR MÜSSEN BALLAST ABWERFEN, SONST KENTERN WIR!
AYE, AYE, ABER NICHT DIE SICHERHEITSSCHRÄNKE! LIEBER EIN PAAR ENGLÄNDER.

Für viele andere Pilger oder Kreuzfahrer stellte der Tempel einen Zahlungsbefehl aus, eine Art vordatierten Wechsel: Eine Geldsumme wurde in einer Komturei in Europa hinterlegt, bevor sie im Orient beglichen wurde.
MEINE GANZE HABE, UM ZUM GRAB JESU ZU REISEN: 3000 PFUND, 12 SOU UND 4 DENAR.
MACHT ES IHNEN ETWAS AUS, WENN ICH SIE IN DINAREN BEZAHLE? IST HIER SO ÜBLICH.

Eine Finanztechnik, die häufig eingesetzt wurde, da ...
IHR HABT IN EINER WÄHRUNG KASSIERT UND IN EINER ANDEREN AUSGEZAHLT, RICHTIG?
ICH GEBE ES ZU.
... sich der Wert der Währungen mit der Zeit veränderte ...
DER WECHSELKURS ZWISCHEN DEN BEIDEN WÄHRUNGEN ERMÖGLICHTE EINEN GERINGEN GEWINN.
EURE DINARE, DIE IM CHRISTLICHEN ORIENT GEPRÄGT WURDEN, WAREN VON SCHLECHTERER QUALITÄT UND DAHER WENIGER WERT.
... und die Komtureien indirekt an der Transaktion beteiligt waren.
NATÜRLICH WAREN EURE NACHGEMACHTEN MÜNZEN WENIGER REIN[1].
GOTT HAT UNS UNVOLLKOMMEN ERSCHAFFEN. UNSERE GOLDMÜNZEN SIND ES AUCH.

1. Also weniger rein, weil der Goldanteil geringer war.

Mit zunehmender Entwicklung des Handels ließ die Kirche jedoch immer häufiger zu, dass der Templerorden »Wucher« zur Absicherung seiner riesigen Kredite einsetzte.
WIR BERECHNEN AUF BESTIMMTE TRANSAKTIONEN EINEN ZINSSATZ VON 10 PROZENT. IN ARAGONIEN GILT DIESER ALS »ZINSSATZ UND BRAUCH DER TEMPLER«.
10 PROZENT UND DU REDEST VON EINEM BRAUCH!
DIESER DIENT DAZU, UNSER GELD ZU SICHERN. ES GIBT ANDERE MITTEL, Z.B. DIE VERPFÄNDUNG VON EIGENTUM DES SCHULDNERS. ODER DAS ZINSVERFAHREN, EINE HOHE GELDSTRAFE BEI AUSFALL DES KREDITNEHMERS.

DAS ABENTEUERLICHE BANKWESEN DER TEMPLER WAR SYMPTOMATISCH FÜR DEN WEITEREN VERLAUF UNSERER GESCHICHTE: DIE VORHERRSCHAFT EINES EUROPÄISCHEN WÄHRUNGSSYSTEMS ÜBER DIE GANZE WELT AB DEM SPÄTEN MITTELALTER.
ZU DIESER ZEIT FANDEN NÄMLICH GEOPOLITISCHE UMWÄLZUNGEN STATT.
ES IST IMMER FALSCH, SICH ZU FRÜH IM RECHT ZU WÄHNEN ...
Das arabisch-islamische Reich brach im 13. Jahrhundert unter den Feldzügen der Mongolen zusammen. Damaskus und Bagdad verloren dauerhaft ihre Strahlkraft.
DIESMAL IST ES DER ENDGÜLTIGE BANKROTT.
Kurz darauf zog sich das kaiserliche China für Jahrhunderte von der Welt zurück. Das war das Ende der durch die Seidenstraße verkörperten eurasischen Achse.
HIER IST VORLÄUFIG GESCHLOSSEN, MEIN HERR.
?!
Zwischen dem 12. und 17. Jahrhundert wurde in Europa vieles importiert oder hergestellt, was sein Ansehen in der Welt revolutionieren sollte.
DAS KOMMT AUS LOTHRINGEN UND KANN MIT KUGELN SCHIESSEN.
WIE SOLL DAS GEHEN?
Von Anfang an war die Wirtschaft ein Kind der Wissenschaft.
Die Große Pest von 1346–1352 vernichtete das Feudalsystem, indem sie die Leibeigenschaft beendete und eine freie Bauernklasse schuf.
GEHEN WIR NACH ENGLAND, DA SIND DIE FELDER GRÜNER!
Auf diese Umwälzungen musste mit neuen Zahlungssystemen reagiert werden.

DIESE EPISTEMOLOGISCHE REVOLUTION WIRD SPÄTER IHRE FRÜCHTE TRAGEN UND DEN NAMEN AUFKLÄRUNG BEKOMMEN. DIE MONETÄRE ERRUNGENSCHAFT: DIE FINANZWIRTSCHAFT.
AUF NACH ELDORADO!

KAPITEL 5

ELDORADO

Im späten Mittelalter hatten sich die Gegebenheiten im Mittelmeerraum radikal verändert. Das Kalifat war zerfallen, Byzanz nur noch ein Schatten seiner selbst. Eine italienische Stadt bestimmte nun das Geschehen: Venedig.
KENNEN SIE ALLE DEN DOGENPALAST UND DEN MARKUSPLATZ? IM 13. JAHRHUNDERT LAG HIER DAS MACHTZENTRUM DIESER KLEINEN REPUBLIK.
Hier regelten politische Oligarchie und einflussreiche Kaufleute ihre Angelegenheiten gemeinsam.

Venedig war in erster Linie eine Exportmacht: Die Handelsflotte der »Serenissima« verkaufte im Osten Weizen, Wein, Stoffe, Zucker, Glas, also alles, was im Westen produziert wurde. Auch Menschen dienten als Ware.
SCHAU, SIE WARTEN AUF UNS WIE AUF DEN MESSIAS ...
SIE WARTEN VOR ALLEM AUF DIE SKLAVEN, DIE WIR IHNEN BRINGEN!
Auf dem Rückweg transportierten sie Importwaren, die die Wohlhabenden im Westen besonders schätzten: Gewürze, Seide, Teppiche, Baumwollstoffe, Edelsteine, Heilpflanzen.
AB NACH HAUSE! EINE ANSEHNLICHE WERTSTEIGERUNG WARTET AUF UNS.
ICH KANN MIR EINEN NEUEN PALAST AM KANAL BAUEN LASSEN.
VERGISS NICHT, DEINE SALONS DIESMAL NACH SÜDEN AUSZURICHTEN.
Um den Venezianern neue Märkte zu erschließen, zögerten die Dogen nicht, die Kriegsflotte zu mobilisieren. Die enge Zusammenarbeit der Kaufleute und Politiker war das Geheimnis ihres Erfolgs.
WIE WÄRE ES, WENN SIE UNS EIN WENIG FLÄMISCHE WOLLE ODER GERMANISCHE FELLE VERKAUFEN WÜRDEN?
ÄH ... NA GUT.

Mailand
Venedig
Pavia
Genua
Florenz
Pisa
Siena
ITALIEN
VENEDIG FUNGIERTE ALS DAS ZUGPFERD ALLER HANDELSSTÄDTE IN NORDITALIEN, DIE SEIT DEM 11. JAHRHUNDERT BINDEGLIED ZWISCHEN EUROPA UND DEM MITTLEREN OSTEN WAREN.
MAN NANNTE DIESE KAUFLEUTE DIE LANGOBARDEN[1].

1. Nach dem Namen eines eingewanderten germanischen Stammes, der wahrscheinlich ursprünglich an der unteren Elbe gesiedelt hatte.

Während der Einfluss der östlichen Reiche zurückging, wuchs ihr Reichtum. Erkennbar über drei Jahrhunderte an den berühmten Foires de Champagne, jenen großen Märkten entlang der strategischen Handelsroute zwischen Nordeuropa und dem Mittelmeerraum.
MUSKATNUSS, KOMMT VON DEN MOLUKKEN[2].
RIECHT KOMISCH ...
SOLCHE MÄRKTE FANDEN DAMALS IN WICHTIGEN STÄDTEN WIE TROYES, BAR-SUR-AUBE, LAGNY ODER PROVINS STATT.
DIE LANGOBARDEN BETRIEBEN DORT JAHRAUS, JAHREIN IHRE MARKTSTÄNDE.

2. Archipel der Molukken (heute Indonesien).

Zu ihren Glanzzeiten prägten die mächtigsten dieser norditalienischen Städte eine Referenzgoldmünze, die ihre merkantile Bedeutung widerspiegelte.

1252 prägte Genua den Genueser.
Im selben Jahr prägte Florenz den Florentiner.
Und 1284 prägte Venedig seinen ebenso berühmten Dukaten[1].
DIE GLEICHE GESCHICHTE WIEDERHOLT SICH, DOCH DIESES MAL WIRD EINE MÜNZTECHNISCHE PERFEKTION ERREICHT: DIESE MÜNZEN WIEGEN UNGEFÄHR 3,5 GRAMM 24-KARÄTIGES GOLD[2].

1. Später im gesamten Christentum auch unter der Bezeichnung Zecchine bekannt.
2. Das heißt 100 Prozent reines Gold. Zur Erinnerung: Der Dinar bestand zu über 95 Prozent aus reinem Gold.

DIESE KLEINEN GOLDMÜNZEN WAREN DIE VORBILDER, DIE SECHS JAHRHUNDERTE ÜBERDAUERN SOLLTEN. SIE SIND ETWA SO GROSS WIE EINE 10-EURO-CENT-MÜNZE.
Venedig
Genua
SIE WAREN UNERLÄSSLICH, UM DIE HANDELSUNTERNEHMUNGEN DER ITALIENISCHEN STÄDTE IN JENER ZEIT ZU VERWALTEN.

Der überwältigende Erfolg dieser frühkapitalistischen Wirtschaft in Norditalien war zweifellos auf die strategische Lage dieser Häfen zurückzuführen. Der Handel mit dem muslimischen Osten war hier schon früh, seit dem Ende des Hochmittelalters, wieder aufgenommen worden.
SAG MAL, WERTER HERR AUS ÄGYPTEN, MACHST DU WITZE?
ABER NEIN, BEI ALLAH ...
BEI ALLAH, BEI ALLAH ... ICH SCHEUCHE DICH ÜBERS MEER ZURÜCK!
Die italienischen Kaufleute übernahmen also als erste die finanzielle Innovation ihrer muslimischen Kollegen[1].
DAS HIER IST EINE SUFTAJA. DIE ZAHLUNG DER HIER EINGETRAGENEN SUMME WIRD IN DER HEIMATWÄHRUNG DEINES HANDELSPARTNERS GARANTIERT.
SCHLAU, NICHT WAHR?
Logischerweise schufen sie ihre eigene private Papierwährung ... im Westen als Erste.
SCHAUEN SIE SICH DIESE PAPIERWÄHRUNG AN, DIE ICH VOM HOF DES GROSSEN KUBLAI KHAN MITBRINGE!
LASS GUT SEIN, MARCO, WIR KENNEN DIE SCHON!
DU KOMMST EIN JAHRHUNDERT ZU SPÄT, MEIN FREUND.

1. Wahrscheinlich zur gleichen Zeit wie die Templer. Siehe Kapitel 4.

Wie die arabischen Händler begannen auch die Italiener, Gewinne aus den Wechselkursen zu erzielen.
HIER, GEH NACH KONSTANTINOPEL UND LASS DIR DIE SCHULDEN IN DER DORTIGEN WÄHRUNG AUSZAHLEN. WIR WERDEN DAVON PROFITIEREN!
?!
SIE WERDEN SEHEN, WIR STEHEN AM ANFANG DES MODERNEN BANKWESENS!

Venedig erfand auch die Auktionierung eines Teils des Schiffraums, sogenannte Incanti, ein System zur finanziellen Absicherung von Ladungen, bei dem diese wie bei Aktien in Anteile aufgeteilt wurden.
JEDER VON IHNEN FINANZIERT EIN ZEHNTEL DES PREISES DER LADUNG. SIE ERHALTEN ALSO BEI DER RÜCKKEHR EIN ZEHNTEL DES GEWINNS.
WENN DAS SCHIFF ZURÜCKKEHRT ...
ES HEISST, DIES SEI DER VORLÄUFER DER BÖRSE!

Norditalien verbreitete überall seine eigene Version des Wechsels (italienisch: Cambiale), mit der eine Fernzahlung ohne Münzen möglich wurde.
HIER BITTE, DAS IST FÜR DICH. WENN DU IN BRÜGGE BIST, LASS DIR IN UNSEREM BÜRO DEN GEGENWERT VON 100 DENAR AUSZAHLEN.
NUR FÜR DIE WEGEKOSTEN DEINER UNTERNEHMUNG.
JA, VATER.
UND SCHON GEHÖREN MIR STOFFE UND SCHMUCK!

ERINNERN SIE SICH AN DIE DETAILS DIESES GENIALEN SYSTEMS DES WECHSELBRIEFES?
ES WAR BEREITS IN BAGDAD[1] ERPROBT WORDEN, ABER DIE LOMBARDEN BETRACHTETEN ES ALS IHRE ERFINDUNG UND VERLIEHEN IHM WELTBEWEGENDE BEDEUTUNG.

Händler 1
in Barcelona (Spanien)
zahlt dem
Händler 2
in Genua (Italien)
gibt dem
zahlt dem
Bankier A
in Barcelona (Spanien)
schickt den Wechselbrief an
Bankier B
in Genua (Italien)

1. Die Suftaja, siehe Kapitel 4.

Die italienischen Händler und Bankiers hatten nämlich eine außergewöhnliche Idee: Sie wollten mit diesen Dokumenten handeln. Kurz gesagt: sich gegenseitig ihre Schulden verkaufen.
EINE CAMBIALE WURDE NATÜRLICH IMMER MIT EINEM KLEINEN GEWINN WEITERVERKAUFT. DER URSPRÜNGLICHE WERT DER SCHULD STIEG ALSO, WENN SIE IMMER UND IMMER WIEDER VERÄUSSERT WURDE.
NA KOMM, WIE VIEL GIBST DU MIR DAFÜR?
ACH, HÖR MIR DAMIT AUF …
DU BIST JA GENAUSO GEIZIG WIE DEIN COUSIN!
EIN WUNDER: AUS DEN 100 DUKATEN WURDEN 150 DUKATEN.
Dies war der weit zurückliegende Ursprung des modernen Bankwesens: Es ging um die rein künstliche Schaffung von Geld, genau wie sie im 20. Jahrhundert üblich sein wird.

Zur gleichen Zeit zog sich China in der Ming-Dynastie zurück: Schluss mit den Innovationen, man kehrte zu den Sapeques zurück und gab das kaiserliche Papiergeld auf.
MEIN HERR ...
... HIER KLINGT GOLD ...
... MORGENSTUND HAT GOLD IM MUND ...
HUMM ...
Eine Sackgasse auch bei der untergehenden muslimischen Zivilisation: Die Schuld wurde nicht weiterverkauft, sondern blieb untrennbar mit dem Schuldner verbunden.
DEINE FAMILIE SCHULDET MIR 100 DINAR. DA STEHT ES DOCH!
ACH JA? NA GUT.
ICH NEHM NUR GOLDMÜNZEN: TARI ODER DUKATEN.
In der westlichen Welt betrieben nun die Bankiers den Handel und die Verwaltung von Fonds. Einige spezialisierten sich ausschließlich auf den Geldwechsel. Man fand sie auf den Ferias, den spanischen Messen wie der in Medina del Campo.
WAS HABEN SIE DENN HEUTE SO IM ANGEBOT?
ALSO, ICH HAB FRISCHE FLORENTINER, UND DUKATEN NATÜRLICH ...
DENIERS AUS PARIS, PENNIES, SILBERNE MARAVEDÍS ...
DER DINAR WIRD IMMER SELTENER.
VOM SOLIDUS WILL ICH GAR NICHT ERST ANFANGEN ... BALD SIND DAS SAMMLERSTÜCKE.
Wie auch heute noch, beruhte das System auf dem Vertrauen in die Institution, die das Geld anderer Leute verwahrt.
VOR ALLEM SOLLTEN WIR VERMEIDEN, DASS ALLE UNSERE GLÄUBIGER GLEICHZEITIG IHR GOLD EINFORDERN.
SONST SIND WIR AM ENDE.
Dies war ein wesentlicher Schritt in der Geschichte des Geldes. Sie betraf jedoch noch immer nur einen winzigen Prozentsatz der Transaktionen.
WARTEN SIE DIE RENAISSANCE AB!

Zumal am Ende des Mittelalters ein neues gravierendes Währungsproblem auftrat: Mit der Rückkehr der Kriege und dem Aufschwung des Handels wurden überall Gold- und Silbermünzen benötigt.
IST DAS ALLES?!
Aber es gab nicht genug Gold: Zu Beginn des 15. Jahrhunderts erreichte die jährliche Weltproduktion mit vier Tonnen ihren Höhepunkt.
Die Prägestätten in Paris oder London hatten kein Metall zur Prägung von Münzen mehr. Die Produktion brach zusammen!
MACHT NICHTS, ICH WERDE HUFSCHMIED, ÄHNLICHE HANDGRIFFE.
In Deutschland zwang dieser Mangel an Gold und Silber die Händler dazu, auf eine Ersatzwährung zurückzugreifen: Pfeffer[1]!
HIER KANN MAN ECHT BEHAUPTEN, DASS GELD NICHT STINKT. ES DUFTET.

1. Weshalb deutsche Kaufleute und Bankiers damals als »Pfeffersäcke« bezeichnet wurden.

DER ERSTE HERRSCHER, DER NACH EINER LÖSUNG FÜR DIESES PROBLEM SUCHTE, WAR DER PORTUGIESISCHE KÖNIGSSOHN HEINRICH DER SEEFAHRER[1].
SO KOMPLIZIERT IST DAS NICHT: ICH HAB MIR EINE EINTRÄGLICHERE ROUTE AUSGEDACHT, UM DAS GOLD AUS AFRIKA NACH HAUSE ZU BRINGEN!
Lissabon
EIN KAMEL TRANSPORTIERT DURCHSCHNITTLICH 160 KILOGRAMM WAREN IN 10 STUNDEN MIT 6 KILOMETERN PRO STUNDE, WAS EINER STRECKE VON 60 KILOMETERN ENTSPRICHT.
EIN SCHIFF HINGEGEN FÄHRT 40 PROZENT LANGSAMER, DAFÜR ABER 24 STUNDEN NONSTOP, SODASS ES DIE HÄLFTE DER KAMELSTRECKE ZUSÄTZLICH SCHAFFT. KÖNNEN SIE NOCH FOLGEN?
LETZTENDLICH GEWINNT MAN, AUCH WENN DIE ENTFERNUNG AUF DEM SEEWEG DOPPELT SO GROSS IST WIE AUF DEM LANDWEG: NEHMEN WIR ALSO SCHIFFE!
Die Verbreitung des dreieckigen Lateinersegels statt des alten quadratischen Segels ermöglichte es, leichter in den Wind zu kommen. Und es sicherte so die Zukunft dieses Seewegs.

1. 1394–1460.

Wie bereits muslimische Händler Jahrhunderte zuvor, tauschten portugiesische Entdecker an der Küste Guineas nun Salz gegen Gold.
ICH WILL ES IN FISCHFORM BRINGEN, ABER ES FUNKTIONIERT NICHT.
SCHNEID ES EINFACH IN BLÖCKE, DU IDIOT!
HUMPF!
Jährlich wurden bis zu 700 Kilogramm Gold nach Hause gebracht, aber die Portugiesen sollten nie die Quelle des Río de Oro, des ersten afrikanischen »Eldorados«, entdecken.
MIT DIESEM GOLD KÖNNEN WIR MÜNZEN PRÄGEN, UND JE MEHR MÜNZEN WIR HABEN, DESTO MEHR LÄNDER ERKUNDEN WIR, DESTO MEHR GOLD KÖNNEN WIR TAUSCHEN ...
Q.E.D.
Im Jahr 1484 schlug ein junger genuesischer Kartograf, der in Lissabon lebte, den portugiesischen Behörden ein neues Experiment vor. Sein Name? Christoph Kolumbus.
IN INDIEN GIBT ES VIEL GOLD. UM ES SCHNELLER ZU FINDEN, MÜSSEN WIR DEN WEG NACH WESTEN NEHMEN.
?!
EINE PLAGE, DIESE GENUESEN!
Nachdem sie sich bereits stark in Afrika engagiert und die Route zur Umgehung des Kaps der Guten Hoffnung eröffnet hatte, wollte die portugiesische Krone Kolumbus' Projekt nicht weiterverfolgen.
WIR HABEN GENUG GOLD IN AFRIKA.
AUSSERDEM IST DIE ERDE WIE GESAGT EINE SCHEIBE.
?!
Der Rest ist Geschichte. Ferdinand von Aragón und Isabella von Kastilien förderten die Expedition, aber anstatt einer neuen Route nach Indien entdeckte die alte Welt Amerika und dessen Goldschätze.
¿QUÉ? DIE VERDAMMTEN PORTUGIESEN LEHNEN IHR PROJEKT AB?
¡VENGA! WIR FOLGEN IHNEN!
LASSEN SIE SIE DOCH IN GUINEA EIN BISSCHEN GOLD SCHÜRFEN. AUF ZU UNMENGEN AN DIAMANTEN UND NUGGETS IN CIPANGU[1]!

1. Japan auf Chinesisch. Der Begriff wurde durch Marco Polos *Buch der Wunder* bekannt.

Da die spanischen Kassen hoffnungslos leer waren, fielen die Befehle der Herrscher der Reconquista eindeutig aus.
BESCHAFFT UNS GOLD, WENN MÖGLICH UNTER ACHTUNG DER MENSCHENWÜRDE, ABER KOSTE ES, WAS ES WOLLE, BESCHAFFT UNS GOLD!
DIESE ANWEISUNG WURDE TATSÄCHLICH SO AUSGESPROCHEN ... SIE ERKLÄRT VIELE FEHLSCHLÄGE WÄHREND DES ERSTEN JAHRHUNDERTS DER KOLONIALISIERUNG.
Kolumbus war der erste Konquistador: Er suchte wie besessen nach Edelmetallquellen. Einige Fragmente wurden entdeckt, aber keine Schätze.
Buch der Wunder
ABER MARCO POLO HAT DOCH VON DEN GOLDBEDECKTEN DÄCHERN DER PALÄSTE VON CIPANGU BERICHTET...
Erst 1521 und nach der Eroberung des Aztekenreichs durch Hernán Cortés wurden schließlich große Mengen Gold beschlagnahmt und nach Spanien gebracht. Dies um den Preis eines Völkermords, da die indigenen Völker von vielen Konquistadoren nicht als vollwertige Menschen anerkannt wurden ...
AZTEKEN-REICH
Veracruz
WENN MAN BEDENKT, DASS EIN EINHEIMISCHER, SELBST WENN ER SCHLECHT ERNÄHRT IST, 14 STUNDEN AM TAG ARBEITEN KANN UND DABEI 100 SÄCKE PRO STUNDE TRÄGT, IST ES RENTABLER, SIE STATT UNSERER PFERDE FÜR DEN TRANSPORT EINZUSETZEN.
GUT, ICH HAB GEHÖRT, WIE EIN PORTUGIESISCHER KOLLEGE MIT KAMELEN UND BOOTEN ÄHNLICH ARGUMENTIERT HAT ...
Die Spanier entdeckten schließlich Goldadern und versklavten unmittelbar danach die Bevölkerung und beuteten sie brutal aus.

Dasselbe dramatische Szenario wiederholte sich 1532, als eine kleine Truppe um den Konquistador Francisco Pizarro das riesige Inka-Reich blutrünstig eroberte.
INKAREICH
SAG DEM INKA, DASS WIR, DIE GESANDTEN DES MÄCHTIGEN HERRN JENSEITS DES OZEANS, ALLES GOLD BRAUCHEN, DAS IHR FINDEN KÖNNT ...
ANDERNFALLS BLEIBEN DER INKA UND SEINE FAMILIE UNSERE GEFANGENEN!
Das alte Peru quoll buchstäblich über von Gold. Alle Kult-, Gebrauchs- und Dekorationsgegenstände waren seit Urzeiten aus diesem Edelmetall hergestellt worden. Pizarro hatte sein ELDORADO gefunden!

Die Konquistadoren erbeuteten einen Schatz von mehreren Kubikmetern an wertvollen Gegenständen[1]. Sofort mussten die Goldschmiede der Inkas unter Zwang diese edlen Stücke einschmelzen, um daraus einen Rohstoff für die Prägung neuer Münzen zu gewinnen.
MAN STELLE SICH VOR: IN NUR 1 MONAT SCHMOLZEN DIE SPANIER ALLES EIN UND PRODUZIERTEN EINEN GELDSCHATZ, DER AUF 1,32 MILLIONEN MÜNZEN AUS PUREM GOLD KAM.
UND DAS KRASSESTE WAR, DASS DER LÖWENANTEIL NIE IN DEN KASSEN KARLS V. ANKAM: FAST ALLES WURDE VERSCHLEUDERT, VERLOREN UND VERUNTREUT.

1. Laut William Prescott (*Geschichte der Eroberung von Peru*): Das Äquivalent von etwa 5 Tonnen Gold, mehr als die damalige Jahresproduktion in Europa.

Mit der Eroberung ihrer amerikanischen Gebiete verschifften die Spanier nach und nach ein großes Vermögen nach Madrid: Ihre Flotas[1] mit 60 bis 100 bewaffneten Galeonen legten 5000 Kilometer zurück.
EUROPA
NORD-AMERIKA
Havanna
Mexiko-Stadt
Santo Domingo
AFRIKA
Caracas
Im 16. Jahrhundert stieg die Menge an Gold und Silber, die über Spanien nach Europa gelangte, im Vergleich zum vorherigen Jahrhundert um das Fünffache an. Karl V. wurde zum mächtigsten Herrscher seiner Zeit.

1. Flotten

Trotz allem schien dem Gold ein Fluch anzuhaften: Denn auch dieses Vermögen blieb nicht lange der Treibstoff der iberischen Wirtschaft …
Viele der Barren wurden nämlich sofort unverändert an die Gläubiger der Krone weitergeleitet, da der kriegerische König Karl V. in ständigem Konflikt mit ganz Europa stand.
HERR, EURE KRIEGE KOSTEN MEHR ALS DAS GOLD, DAS AUS DEN KOLONIEN IMPORTIERT WIRD.
MIST, WIR MÜSSEN INVESTIEREN!
Der andere Teil der Barren wurde zu Geld verarbeitet. Damit wurden die Bediensteten des Hofes entlohnt, eine dekadente Aristokratie, die in orientalischem Luxus zugrunde ging.
SIE HABEN JA DENSELBEN CHINESISCHEN STOFF WIE ICH?
NA, SO WAS! ALS WÜRDE ER IN SERIE HERGESTELLT …
Ein großer Teil des Vermögens aus Amerika gelangte in den Orient, von wo es nie wieder zurückkehrte, weil das Gold von Indern, Chinesen und Indonesiern gehortet wurde.
GUTE KUNDE AUS DEM WESTEN! WIR VERKAUFEN SO VIEL WIE MÖGLICH AN SIE …
… UND KAUFEN IHNEN NIE ETWAS AB, HAHAHA!
Außerdem musste man mit Beutezügen von Piraten oder Korsaren rechnen, die Spanien einen Teil seiner Schätze raubten.
WAS MACHST DU MIT DEINEM ANTEIL?
KEINE AHNUNG … VIELLEICHT EINE MÜNZPRÄGEANSTALT GRÜNDEN.

Gleichzeitig führte eine Geldschwemme in den ersten Jahrhunderten des Römischen Reiches[1] in Europa zu einem neuen Phänomen: zu einem allgemeinen Preisanstieg, sprich Inflation.
STELL DIR VOR: VOR WEIHNACHTEN HAB ICH MEINE AXT AUSGEWECHSELT UND SIE KOSTET JETZT 4 DENAR MEHR ALS LETZTES MAL!
UND WEISST DU, WAS DER LETZTE SCHLUCK WEIN VOR DER HINRICHTUNG JETZT WERT IST?
LASST EUCH DAS NICHT GEFALLEN, IHR MÜSST DEMONSTRIEREN!
KOPF AB!

1. Siehe Kapitel 2

IM LAUFE DES 16. JAHRHUNDERTS STIEGEN DIE PREISE UM DAS VIERFACHE. DAS WAR EIN GEWALTIGER ANSTIEG! DIES FÜHRTE ZU DEN ERSTEN MODERNEN WIRTSCHAFTSTHEORIEN, INSBESONDERE ZU DENJENIGEN, DIE SICH MIT DER ROLLE DES GELDES BEFASSTEN.
So entwickelte der Franzose Jean Bodin (1529–1596) als einer der Ersten die Theorie der Proportionalität der im Umlauf befindlichen Geldmenge zum allgemeinen Anstieg des Preisniveaus[2].
DIES WAR DER URSPRUNG DER QUANTITÄTSTHEORIE DES GELDES, DIE BESAGTE, DASS EINE ERHÖHUNG DER IM UMLAUF BEFINDLICHEN GELDMENGE AUTOMATISCH INFLATION UND NICHT WACHSTUM ERZEUGE.
Diese Kausalität zog sich durch die Geschichte des ökonomischen Denkens. Sie findet sich noch fünf Jahrhunderte später bei Milton Friedman (1912–2006) und dem Monetarismus, der eine genaue Kontrolle der Geldmenge durch die Notenbank forderte.

2. Nach Nikolaus von Oresme (1320-1382), dem vermutlich ersten Denker, der eine Verbindung zwischen Geld und Inflation herstellte.

UND ALS OB DIESE GESCHICHTE NICHT SCHON KOMPLIZIERT GENUG WÄRE, MUSS MAN NOCH EINE WEITERE ERFINDUNG DES 16. JAHRHUNDERTS ERWÄHNEN, DIE SICH KAUM IN GESCHICHTSBÜCHERN FINDET: DIE GROSSE SILBERMÜNZE.
JA, SILBERMÜNZEN, DIE GENAUSO VIEL WERT WAREN WIE GOLD (DA SIE GRÖSSER WAREN). SIE SETZTEN SICH IN GANZ EUROPA BEIM ZAHLUNGSVERKEHR DURCH. BIS SIE SCHLIESSLICH ZU UNSERER ALLTAGSWÄHRUNG WURDEN.
DESHALB TRÄGT DIESES BUCH DEN TITEL *DIE UNGLAUBLICHE GESCHICHTE DES GELDES* – NICHT ABER DES GOLDES.
GELDES
ENDE DES 15. JAHRHUNDERTS VERUNTREUTEN PORTUGIESISCHE ENTDECKER DAS GESAMTE GOLD AUS GUINEA. FÜR DIE EUROPÄISCHEN HERRSCHER WURDE ES IMMER SCHWIERIGER, DAS ROHMATERIAL FÜR DIE PRÄGUNG IHRER GOLDMÜNZEN ZU BESCHAFFEN.
DIE UNGLAUBLICHE GESCHICHTE DES GELDES
Der österreichische Herzog Siegmund von Tirol (1427–1496) hatte eine geniale Idee, als ihm seine Männer mitteilten, dass sie in seinen Ländereien große Silbervorkommen entdeckt hatten.
WIR WERDEN ALSO IMMER MEHR SILBER UND IMMER WENIGER GOLD BESITZEN?
NUN, DIE LÖSUNG IST EINFACH: WIR WERDEN SILBERMÜNZEN PRÄGEN, DIE DEN WERT VON GOLD HABEN!
?! IST DER BLAU?
WURDE ER VERHEXT?
Im Jahr 1486 ließ der Herzog einen silbernen Guldiner mit einem Gewicht von etwa 32 Gramm prägen, was in etwa dem durchschnittlichen Wert einer Goldmünze entsprach.
ES IST GAR NICHT KOMPLIZIERT: DIESE SILBERMÜNZE WIEGT ETWAS MEHR ALS 30 GRAMM. WENN MAN BEDENKT, DASS SILBER ZEHNMAL WENIGER WERT IST ALS GOLD[1], SIND MEINE 32 GRAMM GULDINER ALSO GENAUSO VIEL WERT WIE 3 GRAMM GOLD – ALSO JEDE BELIEBIGE GOLDMÜNZE!
1486
DAS HAB ICH AUSGENUTZT UND EIN SCHÖNES PORTRÄT VON MIR IN VOLLER RÜSTUNG UND MIT DEM WAPPEN MEINER FAMILIE GRAVIEREN LASSEN. JETZT IST MEHR PLATZ DAFÜR!

1. Wie es seit den frühen Reichen der Fall war, siehe Kapitel 2.

Diese Erfindung brachte bald auch andere auf gute Ideen: Die Grafen von Schlik, die Besitzer der reichsten Silberminen Böhmens[1], prägten im Jahr 1510 eine große Silbermünze.
NEIN, NEIN, NEIN! WIR HATTEN 30 GRAMM GESAGT, NICHT 300 GRAMM!
?!

Dieser Guldengroschen verbreitete sich im deutschsprachigen Europa unter dem Namen Joachimstaler, abgekürzt »Taler«. Das Wort veränderte sich später in den jungen Kolonien Amerikas zu »Dollar«!
AH, DA KOMMT CARLOS, DER WIRD WIEDER ÜBER UNS LACHEN.
HA HA HA, WAS IHR WOHL VORHABT MIT DEN GROSSEN MÜNZEN!

1. Joachimsthaler Minen (im heutigen Tschechien).

Warum war der Erfolg so groß? Weil die Europäischen Herrscher das Bedürfnis hatten, ihr Privileg der offiziellen Münzprägung für sich zu beanspruchen.
WARUM SEHEN SIE MICH SO AN?
ZUR ERINNERUNG: DIE »SEIGNIORAGE« ERMÖGLICHTE DIE AUSGABE EINER WÄHRUNG, DEREN HERSTELLUNG WENIGER KOSTETE ALS IHR NENNWERT.

Vor allem aber stand sie zunehmend in Konkurrenz zu den handeltreibenden Bankiers, die mit den Wechselbriefen immer wieder künstlich Geld generierten.
WARUM SEHEN SIE MICH SO AN? DIE AUSGABE VON GELD KOSTET MICH ÜBERHAUPT NICHTS, HI HI HI!
GRRRRR ...

IN DIESER ZEIT TRAT AUCH EINE NEUE KUNSTFORM IN ERSCHEINUNG: DIE MÜNZGRAVUR. DIESE GROSSEN MÜNZEN WURDEN ZU WAHREN KUNSTWERKEN MIT HERALDISCHEN MOTIVEN UND SCHMEICHELHAFTEN PORTRÄTS.
Taler von Maximilian I. zu Pferd

Karl V. ließ schließlich selbst einen eigenen Silbergulden prägen, der denselben Wert wie der Goldgulden hatte.[2]
FINDEN SIE, DASS ICH PIZARRO ÄHNLE? IN ORDNUNG – WIR SIND BEIDE EROBERER!

2. Auch als silberner bzw. goldener Karlsgulden bezeichnet.

Das Königreich Frankreich war eines der letzten, das sich umstellte: Erst mit der Reform von 1641 unter Ludwig XIII. wurde der silberne Écu eingeführt. Er war sozusagen der Vorläufer des Franc.
EINVERSTANDEN, WIR KÖNNEN EINE GROSSE MÜNZE PRÄGEN, ABER AUF KEINEN FALL DARF SIE TALER HEISSEN. WIR LASSEN UNS NICHTS VON DEN GERMANEN VORMACHEN!
ACH, DAS KOMMT SCHON NOCH …
Der Franc à cheval, 24 Karat
DER FRANC (DT. »FREI«, FRANKIEREN = FREIMACHEN) WURDE BEREITS ZWISCHEN 1361 UND 1364 ZUM ERSTEN MAL FÜR DIESE KURZE ZEIT GEPRÄGT, EINE AUSGABE AUS REINSTEM GOLD, DIE NUR DAZU BESTIMMT WAR, DAS LÖSEGELD FÜR KÖNIG JOHANN DEN GUTEN ZU BEZAHLEN, DER VON DEN ENGLÄNDERN GEFANGEN GEHALTEN WURDE.
SEITDEM RECHNETE MAN IM KÖNIGREICH FRANKREICH MANCHMAL IN FRANC, ABER OHNE EINE ENTSPRECHENDE MÜNZE. VOR DEM ÉCU TAUSCHTE MAN EHER GEGEN SILBERNE TURNOSGROSCHEN[1]. JA, DIE WÄHRUNGSSYSTEME DES SPÄTEN MITTELALTERS WAREN ERSCHRECKEND KOMPLEX …

1. Jeweils 12 Denier von Tours wert: Das entsprach also 1 Sou im alten Buchhaltungssystem Livre/Sou /Denier (Denar), das von Karl dem Großen übernommen wurde, der sich seinerseits am römischen System orientiert hatte.

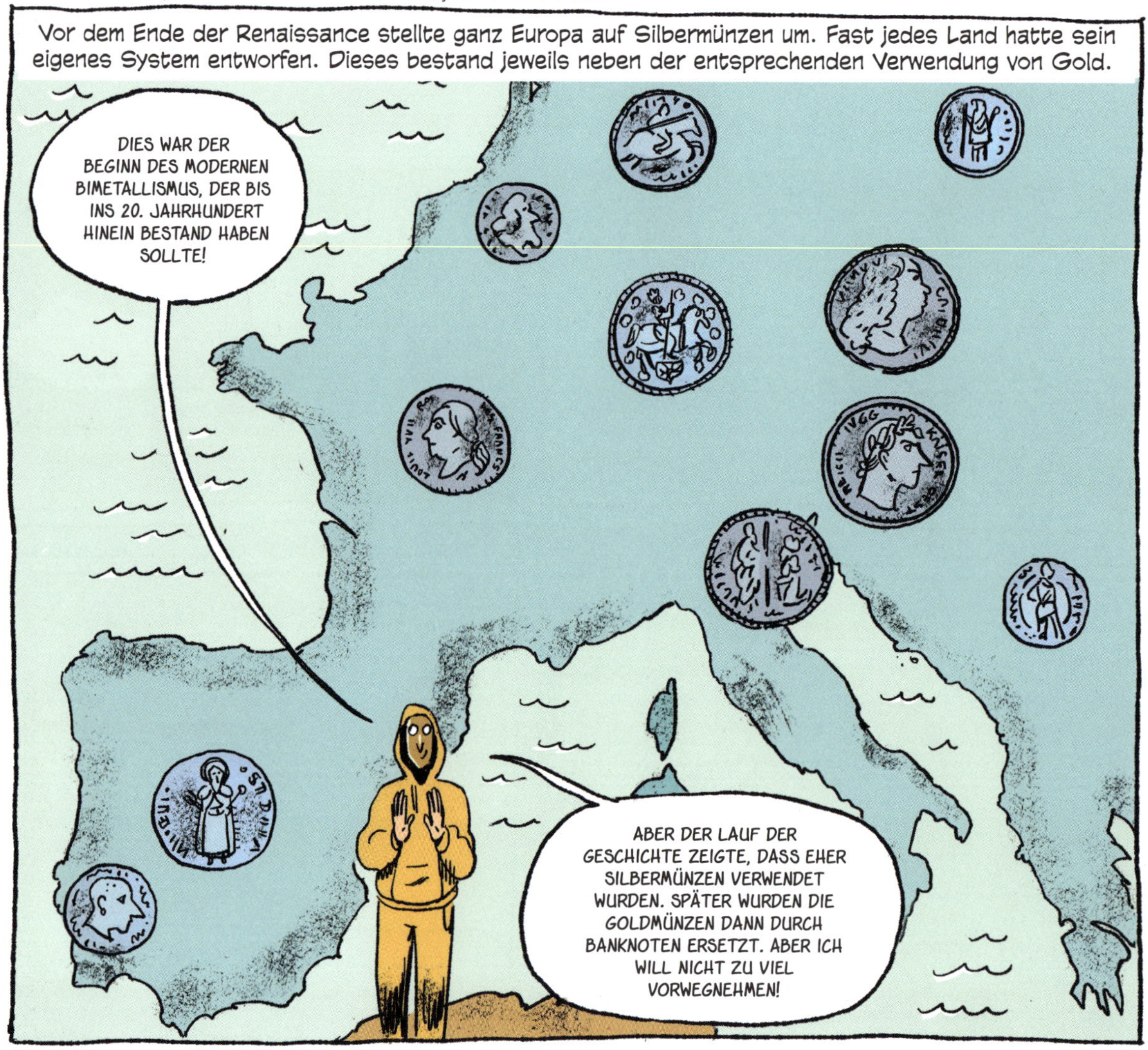
Vor dem Ende der Renaissance stellte ganz Europa auf Silbermünzen um. Fast jedes Land hatte sein eigenes System entworfen. Dieses bestand jeweils neben der entsprechenden Verwendung von Gold.
DIES WAR DER BEGINN DES MODERNEN BIMETALLISMUS, DER BIS INS 20. JAHRHUNDERT HINEIN BESTAND HABEN SOLLTE!
ABER DER LAUF DER GESCHICHTE ZEIGTE, DASS EHER SILBERMÜNZEN VERWENDET WURDEN. SPÄTER WURDEN DIE GOLDMÜNZEN DANN DURCH BANKNOTEN ERSETZT. ABER ICH WILL NICHT ZU VIEL VORWEGNEHMEN!

FAZIT: AM ENDE DER RENAISSANCE WAR DER GROSSTEIL DES MODERNEN GELDSYSTEMS BEREITS ENTWICKELT. KONKRET BEGÜNSTIGTE FOLGENDES DAS ALLMÄHLICHE AUFKOMMEN DES KAPITALISMUS, SEHEN SIE HIER:.
Große Silbermünzen wurden bei alltäglichen Transaktionen immer häufiger verwendet. Sie wurden zur Währung des Volkes. Tauschhandel oder Warenwährungen existierten zwar noch, aber ihre Verwendung ging zurück.
ICH NEHM KEINE HÜHNER UND KEINE TURNOSGROSCHEN MEHR AN. NUR NOCH ÉCUS.
WIE MODERN!.
?!
Kleine Goldmünzen waren nach wie vor wertvoll, aber besonderen Geschäftsvorgängen vorbehalten. Ihrer bedienten sich Adlige, Bürger und Händler, die immer seltener Schmuck oder Barren verwendeten.
DER KÜNSTLER BIETET EURER HOHHEIT DIE GLEICHE ART VON PORTRÄT FÜR 50 GULDEN AN.
ER SOLL AUF 40 RUNTERGEHEN, WENN ER NICHT WIE DIE TEMPLER ENDEN WILL.
Wechsel oder Buchgeld wurden aus bewährter Bequemlichkeit zu den bevorzugten Mitteln des internationalen Handels. Nur bei sehr weit entfernten Zielen (China, Indien ...) waren noch Zahlungen in Gold erforderlich.
ICH STELLE IN UNSEREM PARISER BÜRO EINE FINANZIERUNGS-ANWEISUNG ZUGUNSTEN VON FRANZ I. AUS, FÜR SEINE KOLONIALISIE-RUNGSPLÄNE IN NORDAMERIKA.
WIR, DIE HANDEL TREIBENDEN BANKIERS, SIND DIE ERSTEN RISIKOKAPITALGEBER DER GESCHICHTE.

Die ersten Dynastien, die die heutigen multinationalen Konzerne vorwegnahmen, bestanden zu dieser Zeit schon lange. Im 16. Jahrhundert war ein bayerisch-schwäbischer Kaufherr und Bankier der reichste Mann Europas: Jakob Fugger beherrschte von seiner Heimatstadt Augsburg aus den ganzen Kontinent.
DIESER JAKOB HAT WOHL FILIALEN IN SÄMTLICHEN GROSSEN STÄDTEN DES REICHES UND LEIHT DEN DORT REGIERENDEN GELD.
JA, ALLE SEINE KONTEN WERDEN AN JEDEM JAHRESENDE IN RHEINISCHE GULDEN[1] UMGERECHNET UND VOR NEUJAHR PRÜFT ER SIE PERSÖNLICH.
IN FLORENZ WAR ES DAS GESCHLECHT DER MEDICI, IN AUGSBURG DIE FAMILIE FUGGER.

1. Ab dem 16. Jahrhundert existierten mehrere Arten von Gulden zahlreicher Länder nebeneinander.

Zwischen Zivilisationen, die Warenwährungen beibehalten hatten, und den europäischen Ländern mit ihren mittlerweile komplexen Finanzsystemen war eine erhebliche Lücke entstanden.
SOLL DAS EIN WITZ SEIN?
?!

Die ersten Kolonien mussten übrigens das Joch der von den europäischen Autoritäten auferlegten Währungsmodelle erdulden.
SCHLUSS MIT DEN KAKAOBOHNEN. JETZT NIMMST DU DAS!
?!
GROSSER GOTT, WENN DIESE LEUTE KEIN GELD HABEN, HABEN SIE AUCH KEINE SEELE ...
IN MEXIKO WURDE 1535 EINE MÜNZSTÄTTE GEGRÜNDET, IN DER SILBERPESOS[2] GEPRÄGT WURDEN.

2. Oder Real de a ocho (Acht-Reales-Stück).

Die Entwicklung eines Landes entsprach nicht unbedingt der Entwicklung seines Währungssystems. In Japan wurde z. B. bis ins 16. Jahrhundert mit Seidenstoffen oder Reissäcken gehandelt.
EINES VERSTEHE ICH NICHT: WENN ICH BEI IHNEN REIS KAUFEN WILL, BEZAHLE ICH MIT REIS?
NOCH SO EIN CHRIST, DER AUF DEM SPIESS ENDET.
Mit dem Anbruch des Tokugawa-Shōgunats der Edo-Zeit (1603–1868) wurden diese traditionellen Mittel jedoch verboten. Gold-, Silber- und Bronzemünzen standen in einem festgesetzten Verhältnis, auch wenn uns ihre Formen heute seltsam erscheinen mögen. ...
Koban: große, eiförmige Goldmünze
ICH HAB NOCH NIE EINE SO GROSSE GOLDMÜNZE GESEHEN!
Ichibuban: kleine quadratische Goldmünze
Isshuban: kleine quadratische Silbermünze
Mon: kleine durchbohrte Bronzemünze
In Europa endete die Währungsrevolution mit der Lösung eines uralten Problems: Der Wertminderung durch »Beschneidung«. Ein französischer Ingenieur der Pariser Münzstätte Hôtel de la Monnaie kam auf die Idee, die Kanten der Münzen mechanisch zu gravieren, um derartige Fälschungen zu verhindern.
DIE FÄLSCHER FEILEN SUBTIL DIE KANTEN DER MÜNZEN AB UND GEWINNEN GOLD ODER SILBER IN GROSSEN MENGEN ZURÜCK.
ICH HINGEGEN HAB EINE TECHNIK ERFUNDEN, BEI DER DIE VORDERSEITEN UND RÄNDER DER MÜNZEN MECHANISCH HERGESTELLT WERDEN!
Diese Erfindung wurde von der Londoner Münzstätte übernommen, die erstmals in einer Hauptstadt das Verfahren industrialisierte. So ordnete Karl II. von England 1661 an, dass alle Münzen maschinell geprägt werden sollten.
SEIT DEM ANTIKEN LYDIEN WERDEN MÜNZEN VON HAND GEPRÄGT, JETZT IST SCHLUSS DAMIT!
VON NUN AN WERDEN ALLE MÜNZRÄNDER AUF DEN AUSSENSEITEN MIT ERKENNUNGSZEICHEN VERSEHEN. KEIN BESCHNEIDEN MEHR!
DIE KRONE WIRD VIEL GELD SPAREN!

DIESE WICHTIGE ENTWICKLUNG VERANLASSTE DIE ENGLÄNDER DAZU, EINE NEUE GOLDMÜNZE ZU ERSCHAFFEN: EINE WERTVOLLERE WÄHRUNG, UNVERÄNDERLICH UND MIT EINEM NIE ZUVOR GEKANNTEN GOLDGEWICHT[1].
SIE WURDE GUINEE GENANNT, WOHL WEGEN DES LANDES, AUS DEM DER ROHSTOFF KAM. SIE SOLLTE DIE AUFSTREBENDE WIRTSCHAFTSMACHT DES ENGLISCHEN KÖNIGREICHS VERKÖRPERN.

NUN WOLLEN WIR ABER DIE WELT DER MÜNZEN VERLASSEN UND UNSER AUGENMERK EINER NEUEN TÄTIGKEIT ZUWENDEN, DIE MIT DEM ENORMEN WACHSTUM DER WIRTSCHAFT EINHERGING: DEM BANKWESEN UND SEINER MANIFESTATION IM ALLTÄGLICHEN HANDEL, DER BANKNOTE.
York
Warwick
London
Winchester
DAFÜR BLEIBEN WIR IN ENGLAND, DEM ZENTRUM DER SICH ANBAHNENDEN INDUSTRIELLEN REVOLUTION.

1. Mit 8 Gramm mehr als doppelt so schwer wie ihre Konkurrenten Dukat oder Gulden.

KAPITEL 6

AUFBRUCH IN MODERNE ZEITEN

London, zweite Hälfte des 17. Jahrhunderts: In dieser wirtschaftlich aufstrebenden Hauptstadt war die City bereits das Geschäftszentrum.
ENGLAND
London
Überweisung (Zahlungen an Dritte)
Depot (Aufbewahrung von Werten)
Diskont (bei Handelswechseln[1])
Wechsel (zwischen verschiedenen Währungen)
Die Großhändler[2] organisierten ihren Handel mithilfe von Zwischenhändlern, ehemaligen Goldschmieden. Diese stellten ursprünglich Gegenstände aus Edelmetallen her und verkauften sie, entwickelten sich aber auch zu echten Privatbankiers, deren Tätigkeit der einer modernen Bank ähnelte.

1. Ein Diskont ist ein Zinsabschlag, den ein Bankier einem Händler im Austausch gegen eine Forderung gewährt, die der Händler gegenüber einem anderen Händler hat (d. h. eine Geldsumme, die ihm geschuldet, aber erst später bezahlt wird).
2. Exportierende Händler.

Die Londoner Goldschmiede waren »Geldhändler«, die alle seit dem Mittelalter bekannten Neuerungen im Finanzwesen praktizierten. Die Tätigkeit des Kassierers wurde zu einem eigenständigen Beruf.
MIT GELD ZU HANDELN IST EIN BISSCHEN, WIE DER REGENT IM EIGENEN REICH ZU SEIN …
Die Kehrseite der Medaille war, dass die politische und kommerzielle Oligarchie ihnen nicht wohlgesonnen war und sie mit so ziemlich jedem Übel in Verbindung brachte.
GOLDSCHMIEDE? DIESE WUCHERER VERLEIHEN MIT SÄTZEN VON BIS ZU 30 PROZENT UND SOGAR MEHR!
WIE BITTE!!! DIE MÜSSEN AUFGEHÄNGT WERDEN.
Sie wurden sogar beschuldigt, die Münzen zu beschneiden und damit ihren Wert zu mindern – eine äußerst schwerwiegende Fälschung, die das Währungssystem gefährdete.
GLAUBEN SIE MIR, DIE DUKATEN, DIE ER MIR EINGETAUSCHT HAT, WAREN SO LEICHT WIE PENNIES.
WIE BITTE?! DER MUSS GEHÄNGT WERDEN.
Der neue König Wilhelm III.[1] verbündete sich mit den Großkaufleuten, um sich ein anderes System auszudenken, mit dem er ohne die Goldschmiede auskommen konnte.
WIR KÖNNTEN SIE ALLE UMZINGELN. UND DANN VIERTEILEN.
NEIN, SIRE, ENGLAND IST JETZT EINE KONSTITUTIONELLE MONARCHIE …
JA, SIRE, ES IST BESSER, EINE DIPLOMATISCHERE LÖSUNG ZU FINDEN.
Vor allem aber war Wilhelm III. ohne ausreichende Mittel in einen Krieg gegen den französischen König Ludwig XIV. verwickelt. Er musste sich große Summen leihen.
ACH, ICH BRAUCHE NUR 6 MILLIONEN PFUND STERLING PRO JAHR, ALSO DREIMAL SO VIEL MILITÄRBUDGET WIE VORHER!
Ein reicher schottischer Kaufmann namens William Paterson verhalf dem Monarchen zur Lösung: Eine öffentliche Anleihe zu organisieren, die auf der Gründung eines neuen Finanzinstituts basierte, das die Zeichnung organisieren und garantieren sollte.
DIES WIRD DAZU BEITRAGEN, DEN HANDEL ZUGUNSTEN IHRER VERBÜNDETEN GROSSKAUFLEUTE ZU FÖRDERN. UND SIE WERDEN ÜBER DAS NÖTIGE GOLD VERFÜGEN, UM IHRE ARMEE ZU FINANZIEREN!
OH JA, WENN ES DARUM GEHT, GELD ZU BESCHAFFEN, KÖNNEN WIR UNS AUF DIE SCHOTTEN VERLASSEN …

1. Wilhelm von Oranien, verheiratet mit Maria II. und Stadthalter der Niederlande, bestieg auf Wunsch des englischen Parlaments während der »Glorreichen Revolution« (1688–1689) den Thron von England und Irland.

KURZ GESAGT, PATERSON SCHLUG DEM STAATSOBERHAUPT VOR, INDIREKT SELBST BANKIER ZU WERDEN.
DAS WAREN DIE ANFÄNGE DER ZENTRALBANK!
Patersons Konzept bestand darin, eine Staatsbank zu gründen, die also von der Königsfamilie ausging, aber von privaten Akteuren, den Verbündeten des Königs, also den Großkaufleuten, verwaltet wurde.
... UND SO IST DIESE NEUE BANK SOWOHL DER GELDGEBER DES SCHATZAMTES ALS AUCH SEIN PERSÖNLICHER KASSIERER ...
... DIE FINANZIERUNG WIRD DURCH EINE ÖFFENTLICHE ZEICHNUNG EINGELEITET, DIE DER REGIERUNG IN FORM VON VERSTECKTEN, IN GOLD KONVERTIERBAREN BANKNOTEN ZUSTEHT.
HAT DAS JEMAND VERSTANDEN?

... Anschließend erhob die Bank die Steuern, die die Zinsen[1] der ursprünglich an die Regierung verliehenen Beträge darstellen ...
NICHT ZU VERGESSEN DIE BEARBEITUNGSGEBÜHREN ...
Das Wichtigste: Die Bank erhielt das Monopol für die Ausgabe von Papiergeld, das an ihre Reserven gekoppelt war. Den Goldschmieden, die ihre eigenen konvertiblen Quittungen ausgaben, wurde diese Praxis verboten!
ALSO KÖNNEN VON NUN AN NUR NOCH DER KÖNIG UND SEINE REGIERUNG GELD PRÄGEN, HA HA HA ...
Um ihre Tätigkeit als Kassierer fortzusetzen, erfanden die englischen Goldschmiede (erneut) ein neues Zahlungsmittel: den Scheck[2]!
ICH HAB EINEN GROSSONKEL, DESSEN VORFAHRE SEINES VORFAHREN BANKIER IN BAGDAD WAR.

1. Zinsen in Höhe von 8 Prozent, was für die damalige Zeit niedrig war.

2. Im Mittelalter in Bagdad erfunden, siehe Kapitel 4.

Paterson ließ sich von einem Experiment inspirieren, das 1609 in Amsterdam, dem damals größten Finanzzentrum der Welt, durchgeführt worden war. Die Amsterdamer Wechselbank war von der Stadtverwaltung gegründet worden, um Einlagenzertifikate auszugeben, die wie Papiergeld zirkulierten.
WIR SIND STOLZ AUF UNSERE STADTBANK: SIE KÖNNEN IHRE GULDEN DORT EINZAHLEN, SIE WERDEN IN BANKNOTEN UMGEWECHSELT, DIE ÜBERALL IN DEN VEREINIGTEN PROVINZEN UMGETAUSCHT WERDEN KÖNNEN!
WIE KLUG!
DAS BRINGT ETWAS ORDNUNG IN DIE SACHE: WIR HABEN HIER 14 MÜNZSTÄTTEN, DIE EBENSO VIELE MÜNZTYPEN PRÄGEN[3]!

3. Da auch ausländische Münzen akzeptiert wurden, zirkulierten Dutzende von Münzen im Land.

Im April 1694 genehmigte das englische Parlament die Gründung einer neuen Institution: The Governor and Company of the Bank of England, deren Gründungsmitglieder die 1,2 Millionen Pfund schwere Anleihe zur Finanzierung des Krieges zeichneten.
WER HAT SICH ZUERST AUF DEN WEG GEMACHT?
NATÜRLICH DER KÖNIG UND DIE KÖNIGIN SELBST.
GEFOLGT VON DEN LORDS UND KAUFLEUTEN VON LONDON, ALSO UNS.
Im Juni desselben Jahres wurde die Zeichnung der Anleihe in der Mercers' Hall[1] eröffnet. Die Aktion war ein Erfolg: In nur einem Monat erhielt die Bank of England die geforderte Summe von 1268 Geldgebern und stellte sie dem König zur Verfügung.

1. Eine der großen Zünfte in London.

Ab dem Sommer 1694 gab das Geldinstitut zunächst handgeschriebene Zertifikate gegen Gold- oder Silbereinlagen aus. Es handelte sich dabei um Gutscheine über 5, 10, 20, 50 oder 100 Schilling, die eigentlichen Vorläufer der modernen Banknoten!
MEIN HERR, FÜR IHRE 200 SCHILLING ERHALTEN SIE 4 ZERTIFIKATE IM WERT VON JE 50 SCHILLING. SIE SIND ÜBERALL GÜLTIG UND KÖNNEN JEDERZEIT EINGETAUSCHT WERDEN.
ICH WERDE MEINEN BUCHHÄNDLER MIT PAPIER BEZAHLEN. WAS DER WOHL FÜR EIN GESICHT MACHEN WIRD!

Die Bank of England kümmerte sich auch um den Ausgleich der Schatzkonten, die Entwicklung des Kreditwesens, die Herausgabe von Diskontkrediten – all das, was später eine Zentralbank tun wird.
TATSÄCHLICH ERFÜLLTE SIE BEREITS ALLE DREI AUFGABEN, DIE TRADITIONELL ZU EINER SOLCHEN INSTITUTION GEHÖREN. SEHEN SIE:
Eine sichere Währung garantieren
Die Vergabe von Krediten erleichtern
Die Staatsverschuldung verwalten

WIR BEFINDEN UNS AN EINEM PUNKT IN UNSERER GESCHICHTE, AN DEM DAS PAPIERGELD EINE DOMINIERENDE ROLLE ÜBERNIMMT. ZUMINDEST IN DER VERWENDUNG DURCH DIE WOHLHABENDSTEN KLASSEN, VERSTEHT SICH.
DIES IST NICHT MEHR ...
... EXPERIMENTELL.
Im 17. und 18. Jahrhundert gab es überall Versuche, Papiergeld neu einzuführen. Nicht alle davon waren dauerhaft erfolgreich.

1661: In Schweden gab die Stockholmer Bank Kreditivsedlar aus, also Schuldscheine, die in Gold- oder Silbergeld getauscht werden konnten.
DIE SCHWEDEN TAUSCHEN KUPFERPLATTEN[1] ALS WÄHRUNG, NICHT SEHR PRAKTISCH!
1673: In Frankreich brachte Colberts Caisse des Emprunts Gold gegen Promesses (Rückzahlungsversprechen) mit 5 Prozent Zinsen ein. Sie waren eintauschbar.
WIR ZAHLEN AM ENDE ZURÜCK, WENN DIE INFLATION 5 PROZENT ERREICHT HAT. DAS KOSTET UNS NICHTS!
1685: In Quebec wandelten die Behörden aus Geldmangel Bestände an Kartenspielen in ein gesetzliches Zahlungsmittel um, das mit der Zeit in die königliche Währung umgetauscht werden konnte.
PRAKTISCH: WER GEWINNT, BEHÄLT DIE KARTEN!
1727: In den Kolonien Virginia und Maryland wurden Tabakdepotscheine in öffentlichen Lagerhäusern[2] anstelle des englischen Pfunds als Währung verwendet.
UND WIEDER LÖST SICH DAS GELD IN RAUCH AUF.

1. Daler: tatsächlich mehrere Kilogramm Kupfer (!), ein Metall mit einem ansonsten sehr schwankenden Kurs.
2. Seit 1642 waren Tabakblätter in den amerikanischen Kolonien aus praktischen Gründen gesetzliches Zahlungsmittel.

1737 ließ der Verleger Benjamin Franklin[3] in Philadelphia Banknoten in seinen eigenen Druckereien drucken. Eine Möglichkeit, der englischen Vormundschaft etwas entgegenzusetzen.
WIR SIND DER AMERIKANISCHEN REVOLUTION EINEN SCHRITT VORAUS!

3. Benjamin Franklin (1706–1790) verfasste zusammen mit Thomas Jefferson die Amerikanische Unabhängigkeitserklärung von 1776.

DOCH JE MEHR SICH NEUE FORMEN VON PAPIERGELD VERBREITETEN, DESTO MEHR STÄRKTE DIES PARADOXERWEISE DEN STATUS VON GOLD, UND IN GERINGEREM MASSE AUCH DEN VON SILBER.
Guinee
Taler
Wenn ein Kaufmann im späten 17. Jahrhundert sagte:
HIER HAB ICH 22 SCHILLING!
... meinte er:
ICH HAB HIER 1 GUINEE AUS GOLD UND 1 SCHILLING AUS SILBER[1].
ÜBERRASCHENDERWEISE STÄRKTE DIESE GELDLICHE TRENNUNG DEN EIGENTLICHEN WERT DER EDELMETALLMÜNZEN.
In der Tat war Papiergeld ein bequemer Ersatz für die Geschäfte der Handels- oder Oberschicht.
HIER SIND 500 SCHILLING FÜR IHR PFERD.
?!
Doch das war eine Illusion, denn der Handel wünschte sich sehnlichst Gold- und Silbermünzen. Und doch konnten weiterhin keine geprägt werden, da es an Metall fehlte.
KEINE SORGE, DIESES ZERTIFIKAT KANN BEI JEDER BANK IN GUINEEN ODER SCHILLINGE UMGETAUSCHT WERDEN.
WENN WELCHE ÜBRIG SIND ...
Durch die Schaffung von Papiergeld wurde die Geldmenge künstlich erhöht, was alle Geldgeschäfte erleichterte. Der Grundstein des modernen Bankensystems war gelegt.
WENN DIE BANK KEINE GUINEEN MEHR HAT, ZAHLE ICH EBEN MEINE MIETE MIT DIESEM ZERTIFIKAT.

1. 1 Goldguinee = 21 Silberschilling zum damaligen Währungskurs.

Damals nahm diese Faszination für das Edelmetall regelrecht esoterische Züge an. Dies erklärt auch, warum eine in dieser Geschichte unerwartete Person im Jahr 1700 zum »Master of the Mint« erklärt wurde: Isaac Newton, der berühmte Wissenschaftler, war auch ein überzeugter Alchemist.
GOLD IST EINE AUSSTRAHLUNG DER SONNE, SILBER DIE DES MONDES.
AN DIE ARBEIT! ES MÜSSEN MEHR MÜNZEN FÜR DAS KÖNIGREICH ENGLAND GEPRÄGT WERDEN. ES GIBT NICHT GENUG!
21 SCHILLING FÜR 1 GUINEE IST EIN UNANGEMESSENER KURS.
ER WAR DER LETZTE MAGIER SEINER ZEIT.
Zwei Jahrhunderte später erinnerte ein gewisser Keynes seine Zeitgenossen an die schwer zugänglichen Überzeugungen des Vaters der modernen Physik, der sich in die Münztheorien verirrt hatte.
In der Tat wurde damals die Arbeit der Alchemisten von allen europäischen Herrschern finanziert. Mit der geheimen Hoffnung, den »Stein der Weisen«[1] zu finden.
DANN KÖNNTEN WIR SO VIEL GOLD HERSTELLEN, WIE ES SEINER MAGNIFIZENZ GEFÄLLT.
JA, DANN KÖNNTEN WIR ENDLICH UNENDLICH VIELE MÜNZEN PRÄGEN!
NEWTON WURDE ALSO NICHT NUR ANGEHEUERT, UM DIE UNERGRÜNDLICHEN PROBLEME DES AUSGLEICHS ZWISCHEN DEN NENNWERTEN DER MÜNZEN UND IHREM METALLGEWICHT ZU LÖSEN, SONDERN AUCH WEGEN SEINER KENNTNISSE IN DER ALCHEMIE.
WÄHREND DAS MITTELALTER IN BEZUG AUF GELD LETZTLICH SEHR RATIONAL GEWESEN WAR, WAR DIE FRÜHE NEUZEIT VON EINEM GEWISSEN MYSTIZISMUS GEPRÄGT.
DER GROSSE PHYSIKER NEWTON TRUG PARADOXERWEISE DAZU BEI, DAS GOLD ZU VERABSOLUTIEREN UND ES ZUM ZUKÜNFTIGEN DREH- UND ANGELPUNKT EINES WELTWEITEN SYSTEMS ZU MACHEN: DEM GOLDSTANDARD.

1. Der Stein der Weisen war die von Alchemisten, darunter Newton, gesuchte Substanz, die Metalle in Gold verwandeln sollte.

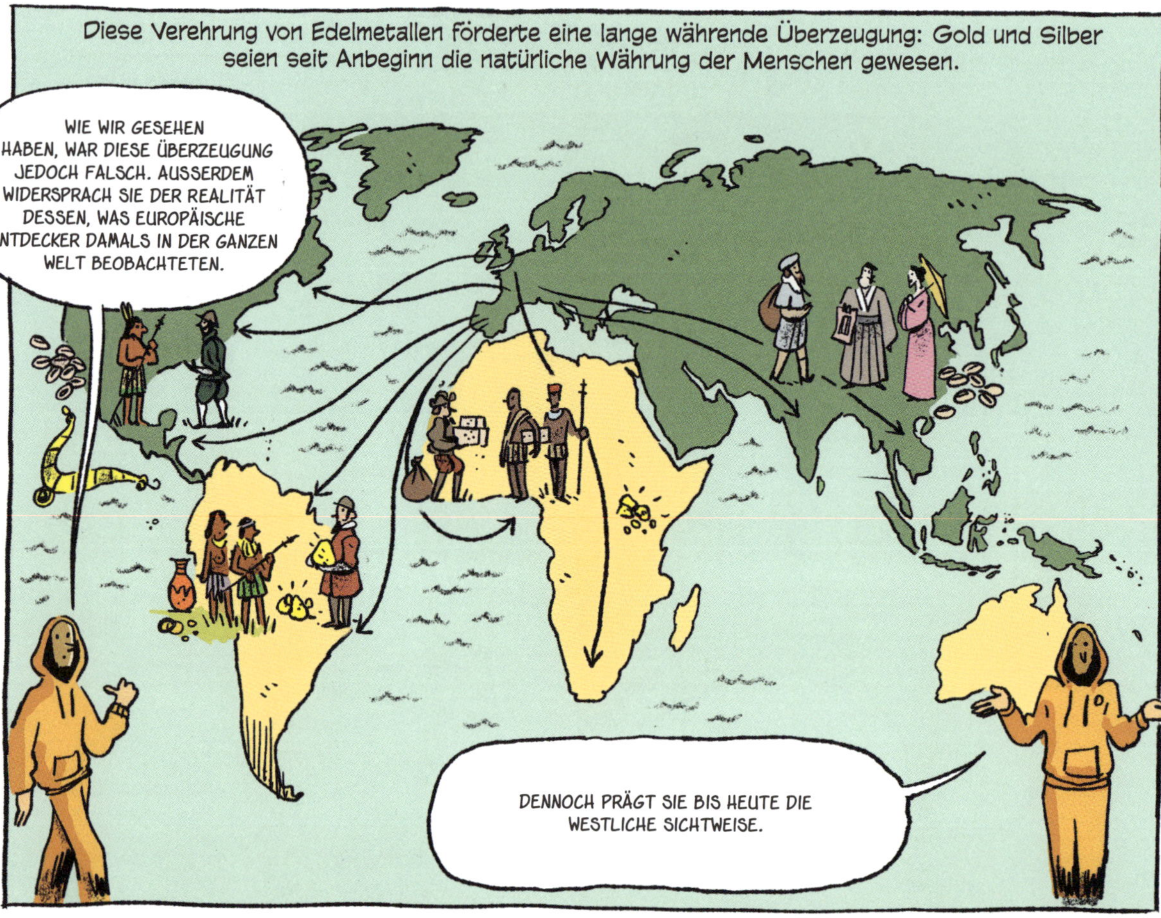

Diese Verehrung von Edelmetallen förderte eine lange währende Überzeugung: Gold und Silber seien seit Anbeginn die natürliche Währung der Menschen gewesen.
WIE WIR GESEHEN HABEN, WAR DIESE ÜBERZEUGUNG JEDOCH FALSCH. AUSSERDEM WIDERSPRACH SIE DER REALITÄT DESSEN, WAS EUROPÄISCHE ENTDECKER DAMALS IN DER GANZEN WELT BEOBACHTETEN.
DENNOCH PRÄGT SIE BIS HEUTE DIE WESTLICHE SICHTWEISE.

In London freundete sich Newton mit dem Philosophen John Locke[1] an, der sein Berater wurde. Dieser empfahl eine sehr strenge Geldpolitik: niemals abwerten, immer als letztes Mittel die Qualität der vom Staat ausgegebenen Münzen garantieren.
SIE SAGEN, WIR SOLLTEN ALTE, ABGENUTZTE ODER BESCHNITTENE MÜNZEN ZU IHREM NENNWERT GEGEN NEUE, VON DER MÜNZANSTALT GARANTIERTE MÜNZEN EINTAUSCHEN?
JA, DENN DER STAAT IST DER GARANT FÜR EINE BESTIMMTE GELDREINHEIT, ALSO FÜR EINEN BESTIMMTEN PREIS. DIES IST BEI DEN NEUEN PAPIERWÄHRUNGEN NICHT DER FALL.
DENNOCH MUSS MAN ZUGEBEN, DASS DIESE KREDITFORMEN EINE BEQUEME VARIANTE DARSTELLEN, WENN GUINEES UND SCHILLINGE FEHLEN.
VERZEIHUNG, SIR, BEDENKEN SIE, DASS IHRE MASSENHAFTE HERSTELLUNG EINEN DEN BEZUG ZUR REALITÄT VERLIEREN LÄSST.
In einer Zeit, in der die Spekulation als neue Gefahr den Gesellschaftsvertrag untergrub, war das Gold- und Silberpfand für Locke eine wirksame Schutzmaßnahme.

1. Autor des berühmten *Versuch über den menschlichen Verstand* (1690). Locke war auch einer der ersten Zeichner bei der Bank of England.

LOCKE UND NEWTON HATTEN SICHERLICH VON EINER SPEKULATIONSKRISE GEHÖRT, DIE EINIGE JAHRZEHNTE ZUVOR STATTGEFUNDEN HATTE:
DIE »TULPENMANIE« IN DEN NIEDERLANDEN. DER ERSTE DOKUMENTIERTE »BÖRSENCRASH« IN DER GESCHICHTE.
Das Ereignis fand in Amsterdam statt, der reichen Hauptstadt der Vereinigten Provinzen, die grade erst von der spanischen Vormundschaft befreit worden waren und vom Handel mit Ostindien profitiert hatten.
Die Neureichen bauten gerne prächtige Häuser, umgeben von Blumengärten, deren Star die Tulpe[1] war. In Europa war man damals von dieser neuen Blumenart fasziniert, insbesonders von der marmorierten Tulpe.
Die Tulpe war jedoch kapriziös: Es dauerte zehn Jahre, bis eine Zwiebel eine Blüte hervorbrachte, und sie blühte nur eine Woche lang (zwischen April und Mai). Die Nachfrage bestimmte daher sehr stark die Preise für diese exotischen Dekorationen.
Zwischen Juni und September konnten die Blumenzwiebeln ausgegraben und weiterverkauft werden. Den Rest des Jahres verkauften die Händler sie auf Termin, also zu einem im Voraus festgelegten Preis für eine spätere Lieferung.
Ab 1634 gerieten die reichen Amsterdamer Bürger in einen regelrechten Spekulationswahn und waren bereit, für ihre Tulpenzwiebeln – in bar oder auf Termin – Preise zu zahlen, die nichts mehr mit der Realität zu tun hatten.
Sie wurden für mehrere 100 Gulden[2] pro Stück gehandelt, eine enorme Summe für die damalige Zeit. Es wurde fälschlicherweise behauptet, dass eine einzige Zwiebel damals dem zehnfachen Lohn eines qualifizierten Handwerkers entsprechen würde[3].
Im Winter 1637, als die Blumenzwiebeln an einem Tag bis zu zehnmal den Besitzer wechselten, brachen die Preise ein: Aus verschiedenen Gründen (u. a. wegen einer Pestepidemie) verloren die Käufer das Interesse.
November 1636
Februar 1637

1. Sie stammt aus dem Osmanischen Reich, der heutigen Türkei.
2. Ein Gulden aus dem 16. Jahrhundert kann auf etwa 10 Euro des 21. Jahrhunderts geschätzt werden (International Institute of Social History).
3. Frühe Gegner von Finanzgeschäften kritisierten die Tulpenblase heftig (besonders der englische Autor Charles Mackay).

DIE KRISE DER TULPENMANIE WARF AUCH EIN SCHLAGLICHT AUF EIN NEUES PHÄNOMEN: DEN GEBRAUCH VON ZAHLUNGSMITTELN IM LAUF DER ZEIT.
DIE IDEE, EINE WARE AUF TERMIN ZU BEZAHLEN, WAR NICHT ALLEIN EINE HOLLÄNDISCHE ERFINDUNG. DAS KONZEPT TAUCHTE AN VERSCHIEDENEN ORTEN UND ZU UNTERSCHIEDLICHEN ZEITEN AUF, WIE ETWA IM JAPAN DES ACHTEN SHŌGUNATS[1].
Osaka
Auf der noch relativ isolierten Insel der Samurai war Reis als Warenwährung für das Volk[2] bestehen geblieben – neben Metallwährungen oder sogar Banknoten, die von der reichen Kaufmannschaft verwendet wurden.
Ab 1697 wurde in Dojima (Osaka) eine Reisbörse eingerichtet. Dort wurde mit dem kostbaren Reis, dessen Preise aufgrund des Klimas von Jahr zu Jahr stark schwankten, gehandelt.

1. Von Yoshimune Tokugawa (1684–1751).
2. Feudales Kokudaka-System: 1 Koku (Währungseinheit) = 280 Kilogramm Reis.

Bald erhielten die Händler vom Shōgun die Erlaubnis, den Bauern einen festen Preis für ihre zukünftigen Ernten anzubieten, um sich gegen das Risiko eines Preisanstiegs abzusichern.
DIESES SYSTEM IST JA SCHÖN UND GUT, ABER WAS MACHEN WIR, WENN DER PREIS FÜR DIE ERNTE VERFÄLLT?
DAS PASSIERT SELTEN ...
Einer von ihnen hatte die Idee, ein Kuriernetz aus 100 Männern aufzubauen, die je 6 Kilometer zurücklegten und sich so die Distanz zwischen seinem Wohnort Sakata und der Börse in Osaka aufteilten.
DENKEN SIE, DASS ES EINFACHER GEWESEN WÄRE, WENN ICH MICH IN DER NÄHE VON OSAKA NIEDERGELASSEN HÄTTE?
Dieser Mann namens Honma Munehisa verfügte als Einziger über wertvolle Informationen über die Entwicklung der Reispreise und konnte dadurch besser spekulieren.
Er dachte als einer der Ersten über die Psychologie der Finanzakteure auf den Märkten nach: Ihre Reaktionen sind ebenso rational wie schwer vorhersehbar.
ICH STIMME DEM ENGLÄNDER LOCKE ZU: MANCHMAL IST ES DER REINE WAHNSINN!
DESHALB HAB ICH EINE ABHANDLUNG[1] VERFASST, UM EIN WENIG KLARER ZU SEHEN UND SOGAR DIE AUFWÄRTS- UND ABWÄRTSZYKLEN VORHERZUSAGEN. GENAUER GESAGT HAT MEIN VERWALTER SIE GESCHRIEBEN ...
IN DIESEM STADIUM BESCHRÄNKTE SICH DAS GELD NICHT MEHR NUR AUF SEINE TRADITIONELLEN FUNKTIONEN[2]: ES WURDE AUCH ZU EINEM SPEKULATIONSOBJEKT.
BEI DER FORTSETZUNG UNSERER ERZÄHLUNG, IN EUROPA, WERDEN WIR DAS IM ÜBRIGEN FESTSTELLEN.

1. Homma Munehisa: *San'en Kinsen Hiroku* (deutsch etwa: »Die Quelle des Geldes - Bemerkungen der drei Affen zum Geld«)
2. Zur Erinnerung: Geld hat drei traditionelle Funktionen: Es ist eine Recheneinheit, ein Tauschmittel und ein Mittel zur Werterhaltung (siehe S. 55).

In Frankreich versuchte ein Schotte namens John Law, den gleichen Weg zu gehen wie sein Landsmann Paterson. Den französischen Finanzen ging es nicht besser als denen der britischen Nachbarn.
DIE JÄHRLICHEN EINNAHMEN DES KÖNIGREICHS BELAUFEN SICH AUF NUR 165 MILLIONEN LIVRE ...
... WÄHREND DIE AUSGABEN 185 MILLIONEN BETRAGEN UND DIE SCHULDENLAST 86 MILLIONEN ERREICHT.
1715 schlug Law dem Regenten[1] vor, eine königliche Bank zu gründen, die im Austausch gegen Gold und Silber Papiergeld ausgeben sollte, um die Defizite auszugleichen.
DIESES GELD WIRD DANN AN DEN STAAT VERLIEHEN, ALSO AN SIE ...
DER STAAT BIN ICH! ALSO BIN ICH DERJENIGE, DER DAS GELD EINNIMMT ...
... UND WIR ZAHLEN DIE ZINSEN DURCH STEUERERHEBUNGEN ZURÜCK, ICH HAB VERSTANDEN!
Leider erwiesen sich John Lockes Befürchtungen als begründet: Eine allgemeine »Demenz« im Finanzwesen griff um sich.
1716 eröffnete Law die Geschäftsstellen seiner Banque Générale ...
... in der Rue Quincampoix in Paris, dem Zentrum seiner Aktivitäten.
Sie gab zunächst Banknoten gegen Münzen heraus ...
... Gelder, die an den Staat gezahlt wurden, um Kriege zu finanzieren.
Gleichzeitig gründete Law eine Handelsgesellschaft[2] ...
... wollte gleichzeitig Reichtümer in den Kolonien erwirtschaften.
Die Bank verkaufte Aktien dieser Firma ...
... im Austausch gegen die von der Bank gestempelten Banknoten.
Die Dividenden wurden dann an die neuen Zeichner ausgezahlt ...
... mit den Einzahlungen der vorherigen Anleger.
Die monetären Innovationen der Zeit läuteten auch eine der traurigen Realitäten des Frühkapitalismus ein: den Betrug im großen Stil.

1. Philipp von Orléans, während der Minderjährigkeit von Ludwig XV. (Ludwig XIV. starb im selben Jahr 1715.)
2. Compagnie d'Occident/Company of the West, 1717 gegründet (sollte vor allem Goldadern in Louisiana oder am Mississippi ausbeuten).

Natürlich waren die Transaktionen dieses Unternehmens imaginär, ebenso wie die angeblichen Gewinne. Aber mehrere Monate lang glaubte ganz Paris daran: Die Kurse stiegen in die Höhe.
DER AKTIENWERT WIRD 20 000 LIVRE ERREICHEN!
GROSSER GOTT! VOR ZWEI JAHREN HAT DER URSPRÜNGLICHE ZEICHNUNGSPREIS 500 LIVRE BETRAGEN.
VIELLEICHT SOLLTEN WIR NOCH WELCHE KAUFEN?
EIN TIPP, MON CHÉRI?
Die Rue Quincampoix wurde zu einer wahren Freiluftbörse: Ein Buckliger »verlieh« seinen Buckel, damit die Investoren ihn als Rednerpult benutzten, um ihre Chance zu bekommen![1]

Im Mai 1720 brach das System zusammen: Die Behörden stellten fest, dass Aktien im Wert von 2,5 Milliarden Livre ausgegeben worden waren, obwohl die Kasse nur 49 Millionen Livre enthielt.
WIE BITTE? LAW LIESS BETTLER ALS GOLDGRÄBER VERKLEIDET ZUM HAFEN MARSCHIEREN, UM SO ZU TUN, ALS WÄREN SIE ZUR ARBEIT AUF AMERIKANISCHEN FARMEN ANGEHEUERT.
WIR SIND RUINIERT!
COMPAGNIE DU MISSISSIPI
Law floh ins Ausland, nachdem er alles versucht hatte, die Neue Welt über seine Geschäfte zu täuschen.

Dieser gigantische Bankrott bewegte die Gemüter nachhaltig.
DIES WAR EINE DER HAUPTURSACHEN FÜR DAS FRANZÖSISCHE MISSTRAUEN GEGENÜBER AKTIEN, DEM NEUEN PAPIERWERT, DER EBENFALLS WIE BANKNOTEN GEHANDELT WURDE.
ABER DIE SPEKULATION IST SO ALT WIE DIE WELT.

Schon Aristoteles berichtete, dass der Mathematiker Thales in der Antike eine große Olivenernte voraussah und alle Olivenpressen auf Chios mietete, bevor er sie an die Erzeuger weitervermietete.
DAS HAT MIR EINEN GEWALTIGEN GEWINN EINGEBRACHT. JA, ICH BIN EIN MATHE-ASS.

1. Ursprung des Romans *Le Bossu* (*Der Bucklige*) von Paul Féval (1858).

Zu Beginn des 18. Jahrhunderts erfolgte eine völlige Änderung der Situation. Die Entwicklung einer Vielzahl nichtmetallischer Währungen – Banknoten, Aktien, Kredite, Schecks – führte zu einem komplexen Geldsystem.
WÄHREND GOLD- UND SILBERMÜNZEN »HEILIGE« RESERVEN DARSTELLTEN, GALTEN PAPIERWÄHRUNGEN ALS UNSICHERE WERTE, MIT DENEN MAN SEIN GLÜCK VERSUCHTE.
DIE SPEKULATION GEHÖRTE NUN ZU DEN SPIELREGELN.

Vergessen wir nicht, dass sich seit der Reformation[1] die religiösen Regeln, die dem Umgang mit Geld seit anderthalb Jahrtausenden zugrunde lagen, allmählich in Auflösung befanden.
BORGT EUCH GEGENSEITIG …
… UND VERGESST DEN ZINSSATZ NICHT!
Luther
Calvin

1. Die protestantische Reformation, ab dem 16. Jahrhundert.

In London, Paris, Amsterdam und München versprachen zahlreiche »Gesellschaften« den freiwilligen Zeichnern jede Woche ein neues Eldorado.
HÖR DIR DAS AN, EIN ANONYMUS ERÖFFNET MORGEN UM 9 UHR EINEN ZEICHNUNGSTERMIN FÜR EINE FIRMA MIT UNBEKANNTEM ZWECK … 2 LIVRE DIE EINLAGE PRO AKTIE.
WIR WISSEN NICHTS ÜBER SEINE TÄTIGKEIT? DANN IST ES DIE BESTE!

Die meisten Firmen gingen jämmerlich zugrunde oder betätigten sich schlicht und einfach als Betrüger. Kein Anleger erwartete jedoch besondere Wunder von den vagen Versprechungen, mit denen er umworben wurde.
HAST DU IN DIESE SELTSAME GESELLSCHAFT[2] INVESTIERT?
COMPANY WITH HEAVY BENEFICIAL ACHIEVEMENT …
… BUT THAT NOBODY HAS TO KNOW IT[2].

2. Diese Gesellschaft nannte sich tatsächlich so (»Unternehmen mit schweren segensreichen Leistungen … von denen aber niemand wissen soll«).

Die Börsen, die jetzt überall entstanden, erhielten das Vorrecht, die Werte dieser Unternehmen zu handeln.
London
Amsterdam
ANTWERPEN
BRÜGGE
Paris
GENF
Lyon
MÜNCHEN
ZUNÄCHST WAREN ES INFORMELLE ORTE: EIN PLATZ, HÄUSER, EINE TAVERNE, MARKTHALLEN, EINE BRÜCKE[3], DIE SICH OFT IM ZENTRUM GROSSER HANDELSSTÄDTE BEFANDEN.
DORT WURDEN NICHT NUR AKTIEN, SONDERN ALLE MÖGLICHEN WERTE WIE GOLDMÜNZEN, ZERTIFIKATE, WECHSEL USW. GEHANDELT.
AMSTERDAM WAR DIE ERSTE STADT, IN DER TERMINGESCHÄFTE DURCHGEFÜHRT WURDEN.
DORT WERTPAPIERE VON UNTERNEHMEN ZU KAUFEN, WAR SEHR RISKANT, ABER AUCH DAS ENTSPRACH DER DAMALIGEN REALITÄT.

3. Wie die Pont au Change in Paris, daher ihr Name.

Ehrgeizige Handelsgesellschaften ließen sich systematisch auf dubiose Geschäfte ein: Sklaverei, Ausplünderung von Kolonien, Waffenhandel usw.
AUF ZUM MARKTPLATZ VON CARTAGENA MIT UNSEREN 500 SKLAVEN.
WENN WIR NICHT VON EINEM HURRIKAN ERWISCHT WERDEN. ODER EINEM RIESENKRAKEN.
UND WENN UNS DIE SPANIER NICHT ÜBERFALLEN.
Die South Sea Company wurde 1711 in London gegründet[1]. Sie diente fortan allen multinationalen Unternehmen als Vorbild. Auch ihr Schicksal war verhängnisvoll.

1720, im Jahr von Laws Bankrott, stürzte der Aktienkurs der South Sea Company gewaltig ab, bevor er endgültig zusammenbrach.

1800
800
600
400
300
200
100
50
1719
1720
1721
1722
Die Südseeblase
DIESE PANIK WAR EINE DER ERSTEN IN EINER LANGEN ABFOLGE.
STELLEN SIE SICH VOR, DIE VERANTWORTLICHEN DIESER COMPANY WÜRDEN BEI FALLENDEN KURSEN IHRE EIGENEN AKTIEN VERKAUFEN, IN DER HOFFNUNG, DIESE BILLIGER ZURÜCKKAUFEN ZU KÖNNEN!

1. Die South Sea Company war gegründet worden, um die englischen Staatsschulden in Aktien umzuwandeln und so mit der Bank of England zu konkurrieren.

ZUM JETZIGEN ZEITPUNKT UNSERER GESCHICHTE, IM 18. JAHRHUNDERT, WAREN ALSO PRAKTISCH ALLE FORMEN VON WÄHRUNGEN, DIE WIR HEUTE KENNEN, BEREITS VORHANDEN.
DIE WIRTSCHAFTSWISSENSCHAFT HINGEGEN GAB ES NOCH NICHT; ALS ERSTE BESCHÄFTIGTEN SICH PHILOSOPHEN MIT DEM THEMA GELD.
Für Pierre Le Pesant de Boisguilbert (1646–1714) kam die Schaffung von Reichtum weniger durch die Anhäufung von Metallwährungen als durch die Produktion von Gütern zustande.
François Quesnay (1694–1774) sah das Streben nach Handelsüberschüssen kritisch, da sie die Geldmenge und damit die Preise erhöhen.
Für Anne Robert Jacques Turgot (1727–1781) war Geld das bevorzugte Instrument, um die Preise von Gütern auszudrücken, und musste daher einen Wert besitzen, der vom Staat garantiert und von allen anerkannt wurde.
Für Nicolas de Condorcet (1743-1794) war ein angemessener Geldpreis (niedrige Zinssätze) das zentrale Anpassungskriterium für die Politik des Haushaltsausgleichs eines Staates.
ABER DER PROMINENTESTE ÖKONOM WAR NATÜRLICH DER SCHOTTE ADAM SMITH, AUTOR EINES GRUNDLEGENDEN BUCHES ÜBER DEN WOHLSTAND VON NATIONEN.[1]
DAS WERK HAT DAZU BEIGETRAGEN, DIE MODERNE WIRTSCHAFT ZU BEGRÜNDEN. SEINE SICHT AUF DIE GESCHICHTE DES GELDES WAR ABER TEILWEISE UNVOLLSTÄNDIG.

1. Adam Smith: *Untersuchung der Natur und Ursachen von Nationalreichthümern* (1776).

Zunächst sagte Smith nichts anderes als seine Zeitgenossen der Aufklärung …
REICHTUM LIEGT NICHT IN DER ANHÄUFUNG VON MÜNZEN ODER BARREN.
?!
… nämlich, dass die Merkantilisten sich irren, wenn sie dem Geld einen eigenen Wert zuschreiben.
… ER LIEGT VIELMEHR IN DER STEIGERUNG DER ARBEITSPRODUKTIVITÄT, DIE ALLEN ZUGUTEKOMMT.
WELCH SCHANDE!
Für ihn war Geld immer eine einfache Rechnungseinheit …
EIN NATÜRLICHES INSTRUMENT, DAS SICH DURCH ALLE ZIVILISIERTEN GESELLSCHAFTEN GEZOGEN HAT …
PFFFT …
… und hatte seit Urzeiten die unterschiedlichsten Formen angenommen.
… EIN SOZIALES WERKZEUG, DAS SICH MIT DEN ZIVILISATIONEN WEITERENTWICKELT HAT.
PFFT …
Infolgedessen wurden historisch betrachtet die Tauschmittel immer komplexer.
ZUERST DER TAUSCHHANDEL, DANN MÜNZEN UND JETZT PAPIERSCHEINE …
WIE WIR GESEHEN HABEN, WURDE ALLES VIEL KOMPLIZIERTER!
Dies ist der Ursprung von einem hartnäckigen Wirtschaftsmythos: Das Geld sei erfunden worden, um die Unzulänglichkeiten des Tauschhandels zu beheben.
HALLO, SIE! ICH TAUSCHE DIESE FEDER GEGEN IHR HÜBSCHES ARMBAND.
?! WAS SOLL DAS? ICH NEHM NUR GUINEES.

ZU SMITH' ZEITEN ENTWICKELTEN SICH LÄNDER MIT ÄHNLICHEM EINSATZ VON GELD UNTERSCHIEDLICH SCHNELL.
Während der Revolution bevorzugten die meisten französischen Händler weiterhin die »heiligen« Goldmünzen, da Papiergeld nur in sehr geringem Umfang genutzt wurde.
EIN BISS IN DEN LOUIS D'OR UND MAN KANN SICH SICHER SEIN!
Zur gleichen Zeit verwendeten ihre englischen Händlerkollegen bereits Banknoten mit Wasserzeichen, um die ersten Fälscher zu bekämpfen!
FRÜHER WURDEN MÜNZEN BESCHNITTEN, JETZT WERDEN SCHEINE GEFÄLSCHT!

Der Misserfolg der Assignaten[1] in der Französischen Revolution machte die Franzosen noch skeptischer gegenüber Papiergeld.
SCHWEINEFLEISCH KOSTET 150 LIVRE PRO KILO IN ASSIGNATEN. ODER 10 SOU IN SILBERMÜNZEN.
ÄH ... ICH BEZAHLE IN SOUS.
DAS PROBLEM WAR IMMER DAS GLEICHE: DIE BEHÖRDEN GABEN IM VERHÄLTNIS ZU DEN HYPOTHEKARISCH BELASTETEN GÜTERN ZU VIELE BANKNOTEN AUS.
1791
DOMAINES NATIONAUX
ASSIGNAT DE CINQ LIVRES
LOUIS XIV DES FRANCS
Cinq Liv.

1. Papierwährung, die am Wert der ab 1789 beschlagnahmten Kirchengüter bemessen wurde.

FRANÇAISE
5 FRANCS
REPUBLIQUE
A
5-Franc-Münze (Silber)
Übrigens war 1795 ganz Frankreich mit der Neuschaffung einer berühmten Währung beschäftigt: dem Franc, der die Livre des Ancien Régime ersetzte.
1803 setzte der berühmteste Erbe der Revolution, Napoleon Bonaparte, den Franc germinal endgültig als französischen Währungsstandard durch – für mehr als ein Jahrhundert.
WIR SOLLTEN AUCH EINE NEUE, DEUTLICH SCHWERERE GOLDMÜNZE PRÄGEN. SIE KÖNNTE »NAPOLÉON D'OR« HEISSEN!
JAWOHL, EURE KAISERLICHE HOHEIT.
NAPOLEON EMPEREUR
Der Napoléon d'or war eine neue Goldmünze im Wert von 20 Franc. Sie entsprach dem früheren Louis d'or[2].

2. 24 Livre wert.

Während seines Konsulats gründete Bonaparte die Banque de France nach dem gleichen Modell wie die Bank of England: private Anteilseigner, aber staatliche Leitung.
DIE BANQUE DE FRANCE SOLL UNABHÄNGIG SEIN, ABER NICHT VOLLSTÄNDIG[1]!
JAWOHL, EURE KAISERLICHE HOHEIT.

1. Authentisches Zitat.

Die ersten französischen Banknoten wurden daher zu Beginn des Kaiserreichs ausgegeben, aber ihre Beträge waren sehr hoch: 500 oder 1000 Franc.
SEHEN SIE DIESEN 1000-FRANC-SCHEIN, DER VON UNSEREM HAUS IN VERKEHR GEBRACHT WIRD? VERLIEREN SIE IHN NICHT! ER ENTSPRICHT EINEM 5 KILOGRAMM SCHWEREN SACK SILBERMÜNZEN.
SCHLUCK!
mille francs.

Diese Banknoten waren für die Bezahlung von Industriebetrieben oder für Geldgeschäfte der Oberschicht reserviert. Das Volk erhielt erst ein Jahrhundert später Zugang zu dieser Währung.
WAS ZUM TEUFEL MACHST DU DA?!
ICH VERBRENNE ALTE PAPIERE, DIE ICH AUF DER STRASSE GEFUNDEN HABE.

Wie immer, wenn es an Zahlungsmitteln mangelte, gewann die Naturalwährung wieder die Oberhand: Wie in den ältesten Zeiten wurde die soziale Verschuldung genutzt, ebenso Tauschhandel und kurzfristige Kredite.
GUT, ICH LEIHE DIR 10 FRANC, UM DIE WERKZEUGE ZU KAUFEN. DU GIBST SIE MIR IM FRÜHLING ZURÜCK UND DAZU NOCH EIN KLEINES EXTRA.
WIE WÄRE ES MIT 10 LIVRE?
1 LITER WEIN GEGEN 6 EIER FÜR DAS ESSEN HEUTE ABEND?
NATÜRLICH, WIE IMMER!
DEM DA SCHULDE ICH 1 GANS.

Welch ein Kontrast zum England der industriellen Revolution: Zur Zeit des Sieges von 1815 (gegen das Kaiserreich Napoleons) hatte das ganze Land die Verwendung von Banknoten eingeführt.
PSSST, HERR KAUFMANN! ICH HAB GELDSCHEINE, GUINEES, SCHILLINGE, SOGAR NAPOLÉONS D'OR, HABEN SIE INTERESSE?
SAMMELN SIE AUCH? ICH HAB TETRADRACHMEN, DINARE ...
?!
Dies führte zu einer hitzigen Debatte über die Geldschöpfung. Auf der einen Seite standen die Konservativen, die die Ausgabe von Geld in der Wirtschaft begrenzen wollten: die sogenannte Currency School mit dem Ökonom David Ricardo.
IM UMLAUF BEFINDLICHE MÜNZEN UND BANKNOTEN MÜSSEN DEM VON DER ZENTRALBANK GEHALTENEN METALLBESTAND AN GOLD UND SILBER ENTSPRECHEN.
SONST HERRSCHT ANARCHIE UND VOR ALLEM INFLATION!
BLOSS KEINE INFLATION!
Auf der anderen Seite liberalere Denker mit der Ansicht, dass die Geldschöpfung – also die Loslösung von Goldreserven – jeweils nach den Bedürfnissen von Industrie und Handel freigegeben werden sollte. Dies war das Banking Principle, das von dem Ökonomen Thomas Tooke vertreten wurde.
DIE MENGE DES IM UMLAUF BEFINDLICHEN GELDES SOLLTE DEM BEDARF DER WIRTSCHAFT ENTSPRECHEN.
SONST GIBT ES EINE REZESSION!
BLOSS KEINE REZESSION!
DIE ANHÄNGER RICARDOS GINGEN ZUNÄCHST ALS SIEGER AUS DIESEM STREIT HERVOR: DIE BRITISCHE REGIERUNG SETZTE DIE GOLDKONVERTIBILITÄT IHRES BUCHGELDES DURCH.
SPÄTER GEWÄHRTE MAN DER GELDSCHÖPFUNG FREIEN LAUF UND BEWIRKTE SO DAS AUSSERORDENTLICHE WACHSTUM DER GRÖSSTEN VOLKSWIRTSCHAFT DER WELT.

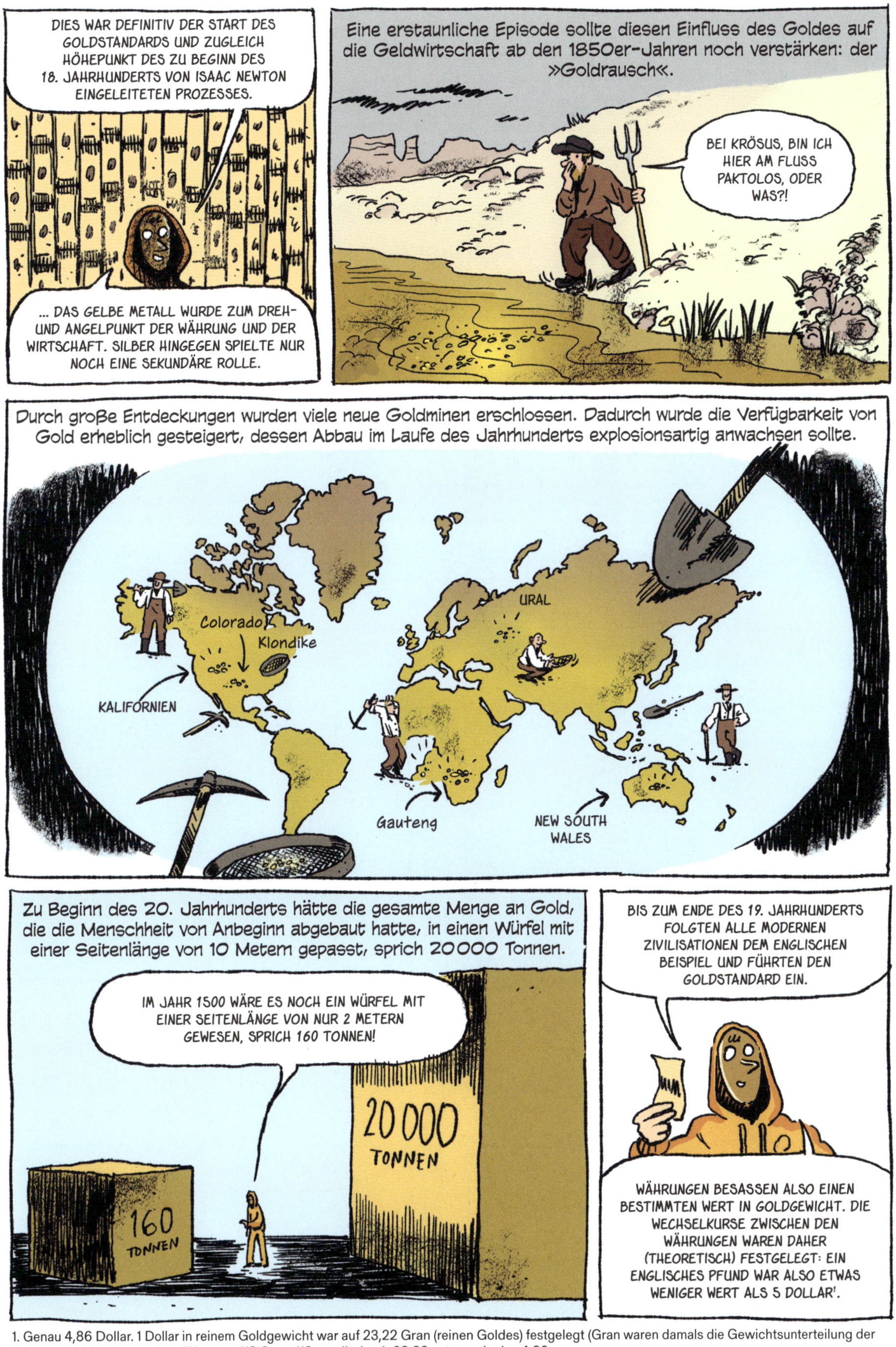
DIES WAR DEFINITIV DER START DES GOLDSTANDARDS UND ZUGLEICH HÖHEPUNKT DES ZU BEGINN DES 18. JAHRHUNDERTS VON ISAAC NEWTON EINGELEITETEN PROZESSES.
... DAS GELBE METALL WURDE ZUM DREH- UND ANGELPUNKT DER WÄHRUNG UND DER WIRTSCHAFT. SILBER HINGEGEN SPIELTE NUR NOCH EINE SEKUNDÄRE ROLLE.
Eine erstaunliche Episode sollte diesen Einfluss des Goldes auf die Geldwirtschaft ab den 1850er-Jahren noch verstärken: der »Goldrausch«.
BEI KRÖSUS, BIN ICH HIER AM FLUSS PAKTOLOS, ODER WAS?!
Durch große Entdeckungen wurden viele neue Goldminen erschlossen. Dadurch wurde die Verfügbarkeit von Gold erheblich gesteigert, dessen Abbau im Laufe des Jahrhunderts explosionsartig anwachsen sollte.
Colorado
Klondike
KALIFORNIEN
URAL
Gauteng
NEW SOUTH WALES
Zu Beginn des 20. Jahrhunderts hätte die gesamte Menge an Gold, die die Menschheit von Anbeginn abgebaut hatte, in einen Würfel mit einer Seitenlänge von 10 Metern gepasst, sprich 20000 Tonnen.
IM JAHR 1500 WÄRE ES NOCH EIN WÜRFEL MIT EINER SEITENLÄNGE VON NUR 2 METERN GEWESEN, SPRICH 160 TONNEN!
160 TONNEN
20000 TONNEN
BIS ZUM ENDE DES 19. JAHRHUNDERTS FOLGTEN ALLE MODERNEN ZIVILISATIONEN DEM ENGLISCHEN BEISPIEL UND FÜHRTEN DEN GOLDSTANDARD EIN.
WÄHRUNGEN BESASSEN ALSO EINEN BESTIMMTEN WERT IN GOLDGEWICHT. DIE WECHSELKURSE ZWISCHEN DEN WÄHRUNGEN WAREN DAHER (THEORETISCH) FESTGELEGT: EIN ENGLISCHES PFUND WAR ALSO ETWAS WENIGER WERT ALS 5 DOLLAR[1].

1. Genau 4,86 Dollar. 1 Dollar in reinem Goldgewicht war auf 23,22 Gran (reinen Goldes) festgelegt (Gran waren damals die Gewichtsunterteilung der Feinunze). 1 Livre hatte einen Wert von 113 Gran; 113 geteilt durch 23,22 entsprach also 4,86.

Frankreich hingegen beeinflusste den Verlauf der Währungsgeschichte auf eine andere Weise: durch die Einführung des dezimalen metrischen Systems während der Revolution.
WERTER HERR BUCHHALTER, GEWICHTE WERDEN IN PFUND (LIVRE)[1] GEMESSEN, DESSEN WERT SICH ABER VON PROVINZ ZU PROVINZ UNTERSCHEIDET, EBENSO WIE IHRE UNTERTEILUNGEN IN UNZEN ODER GRAN.
HM, DAS MÜSSEN WIR WOHL VEREINHEITLICHEN …
BEI FLÜSSIGKEITEN IST ES ÄHNLICH: DIE PARISER FEUILLETTE[2] HAT NICHTS MIT DEN ANDEREN MASSEINHEITEN ZU TUN …
Ab 1790 machten sich die Revolutionäre daran, das Durcheinander der aus dem Ancien Régime stammenden Längen, Gewichte und Maße einer umfassenden Reform zu unterziehen.

1. Im damaligen Französisch wurde für die Hauptwährungseinheit und die Maßeinheit dasselbe Wort »la Livre« verwendet (= dt. das Pfund: das Pariser Pfund hatte einen Wert von 489,5 unseres heutigen Gramms).
2. Flüssigkeitsmaß bis zu 136,974 Liter. Festgelegt als das Volumen, das ein Pferd tragen konnte.

Talleyrand[3] schlug der verfassungsgebenden Versammlung eine Vereinheitlichung auf der Grundlage des zehnmillionsten Teils des Viertels des Erdmeridians vor: den Meter!
ALLES IST DURCH ZEHN TEILBAR … Z.B. WIRD 1 METER IN 10 DEZIMETER GETEILT, DIE WIEDERUM IN 10 ZENTIMETER GETEILT WERDEN.
DEN KÖNIG SOLLTE MAN AUCH DURCH ZEHN TEILEN!
HA HA HA, GUT GESAGT!
ZZZZZZ …

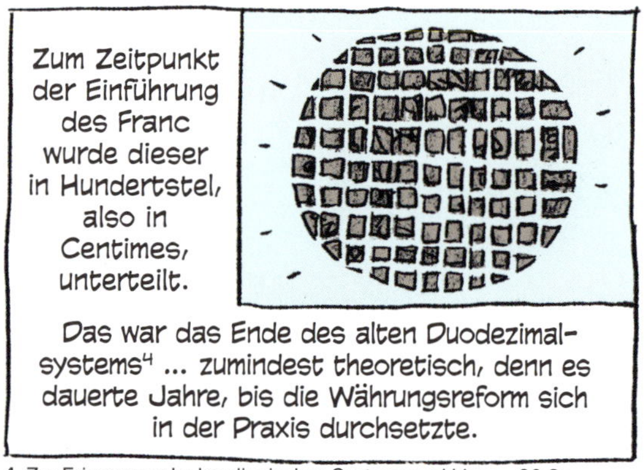
Zum Zeitpunkt der Einführung des Franc wurde dieser in Hundertstel, also in Centimes, unterteilt.
Das war das Ende des alten Duodezimalsystems[4] … zumindest theoretisch, denn es dauerte Jahre, bis die Währungsreform sich in der Praxis durchsetzte.

4. Zur Erinnerung: Im karolingischen System war 1 Livre = 20 Sou = 240 Denier (Denar).

MONSIEUR, ICH HAB HIER 1 LOUIS D'OR, WENN IHRE KUH 10 LIVRE WERT IST, MÜSSEN SIE MIR ALSO 1 FRANC UND EIN PAAR CENTIMES ZURÜCKGEBEN.
GUT, ABER DA NICHT VIELE FRANCS GEPRÄGT WURDEN, HAB ICH KEINE. STATTDESSEN GEB ICH IHNEN 1 LIVRE UND 10 SOU ZURÜCK.

3. Charles-Maurice de Talleyrand-Périgord, einer der bekanntesten französischen Staatsmänner und Diplomat von 1799 bis 1834, vom Direktorium bis zum Königtum von Louis-Philippe.

Nach Frankreich führten viele europäische Länder im Laufe des 19. Jahrhunderts das Dezimalsystem für ihre neuzeitlichen Währungen ein.

NACH DER UNABHÄNGIGKEIT WOLLEN WIR DOCH NICHT DEN NIEDERLÄNDISCHEN GULDEN BEHALTEN.
Belgischer Franc
BISHER HATTEN WIR 860 WÄHRUNGEN. BERN HAT FÜR KLARHEIT GESORGT!
Schweizer Franken
DIE BONAPARTES HATTEN UNS BEREITS DAS FRANZÖSISCHE WÄHRUNGSMODELL AUFGEZWUNGEN ...
Italienische Lira
EINE STARKE WÄHRUNG FÜR EINE STARKE WIEDERVEREINIGUNG.
DEUTSCHE MARK
Nur England behielt noch ein Jahrhundert das alte Duodezimalsystem bei, ein eigener Weg, der erst 1971 abgeschafft wurde.
1 PFUND IST 20 SCHILLING WERT[1] ...
... UND 1 SCHILLING 12 PENCE[2] ...
... FOREVER, I HOPE.
VERY BRITISH ...
DAS VEREINIGTE KÖNIGREICH SOLLTE TATSÄCHLICH ALS EINE DER LETZTEN NATIONEN AUF DAS DEZIMALSYSTEM UMSTELLEN.

1. Und nicht mehr 21 Schilling, wie zu Zeiten von Locke und Newton.
2. Zur Erinnerung: 1 Pfund Sterling bestand also aus 240 Pence.

ENDE DES 19. JAHRHUNDERTS WAR DAS MODERNE WÄHRUNGSNETZWERK EINGERICHTET. DIE INDUSTRIENATIONEN WERDEN DER RESTLICHEN WELT IHRE WIRTSCHAFTSREGELN UND WÄHRUNGEN AUFZWINGEN, BEVOR SIE SICH IM KOLLEKTIVEN SELBSTMORD DER WELTKRIEGE GEGENÜBERSTEHEN.
AM ENDE DIESER GESCHICHTE WIRD NUR EINE WÄHRUNG ALS SIEGER HERVORGEHEN: DER DOLLAR!

KAPITEL 7

DER WÄHRUNGSKRIEG

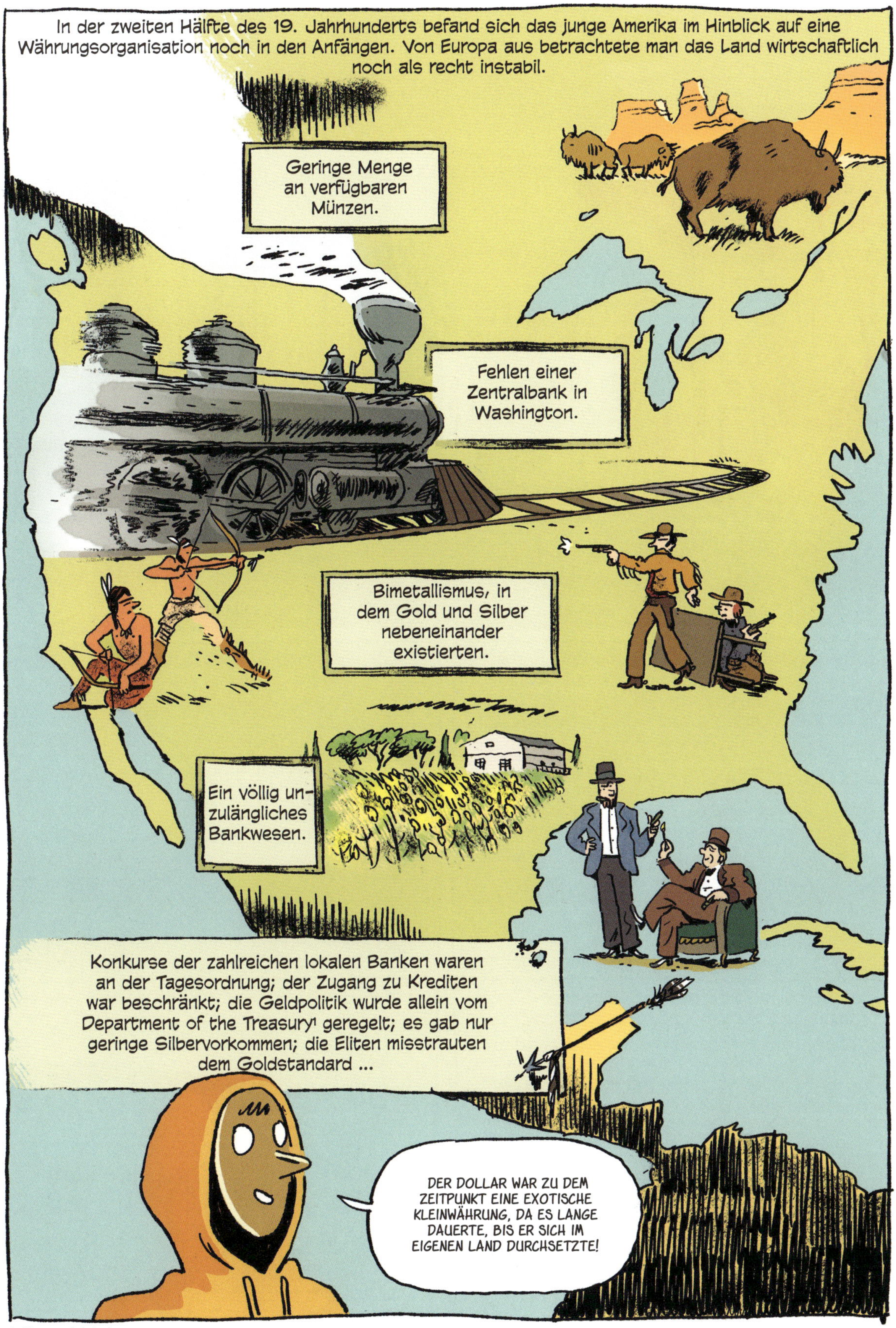
In der zweiten Hälfte des 19. Jahrhunderts befand sich das junge Amerika im Hinblick auf eine Währungsorganisation noch in den Anfängen. Von Europa aus betrachtete man das Land wirtschaftlich noch als recht instabil.
Geringe Menge an verfügbaren Münzen.
Fehlen einer Zentralbank in Washington.
Bimetallismus, in dem Gold und Silber nebeneinander existierten.
Ein völlig unzulängliches Bankwesen.
Konkurse der zahlreichen lokalen Banken waren an der Tagesordnung; der Zugang zu Krediten war beschränkt; die Geldpolitik wurde allein vom Department of the Treasury[1] geregelt; es gab nur geringe Silbervorkommen; die Eliten misstrauten dem Goldstandard ...
DER DOLLAR WAR ZU DEM ZEITPUNKT EINE EXOTISCHE KLEINWÄHRUNG, DA ES LANGE DAUERTE, BIS ER SICH IM EIGENEN LAND DURCHSETZTE!

1. Finanzministerium.

Theoretisch war der Dollar seit einem Gesetz, das am 4. April 1792 auf Initiative des ersten US-Finanzministers Alexander Hamilton verabschiedet wurde, die offizielle Währung der Vereinigten Staaten.
WIR HABEN EIN LAND, EINE SPRACHE, EINE VERFASSUNG, EINE GEMEINSAME ZUKUNFT ... UNS FEHLT EINE WÄHRUNG, ODER?
ACH, WIR SOLLEN ALSO NICHT MIT KAURI BEZAHLEN?

Als die amerikanischen Revolutionäre um 1780 ihre erste Münze prägten, ließen sie sich von einer alten germanischen Währung inspirieren, die zufällig in Südamerika sehr beliebt geworden war: dem Taler[1].
M.THERESIA.D.G.
R.IMP.HU.BO.REG
DAS WORT DOLLAR LEITET SICH VON DER MÜNZBEZEICHNUNG TALER AB.

Die Bürger verwendeten jedoch noch lange Zeit wie gewohnt englische Pfund oder spanische Piaster für ihre Transaktionen.
WEISST WOHL NICHT MEHR, WIE MAN IN SCHILLINGEN RECHNET, HA HA HA!
SEI STILL, ODER ICH GEB DIR DAS WECHSELGELD IN TABAK.

1. Ursprünglich aus Österreich (Tirol). Siehe Kapitel 5.

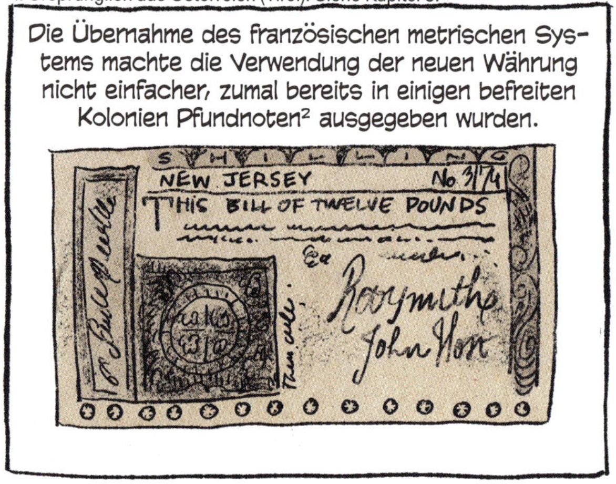
Die Übernahme des französischen metrischen Systems machte die Verwendung der neuen Währung nicht einfacher, zumal bereits in einigen befreiten Kolonien Pfundnoten[2] ausgegeben wurden.
NEW JERSEY
THIS BILL OF TWELVE POUNDS

In Philadelphia[3] wurde eine Münzprägestätte geschaffen, deren Monopol zur Ausgabe der neuen Währung jedoch umstritten war und aufgegeben wurde.
SOLLEN WIR DIESE BANK ÜBERFALLEN?
NÖ, LOHNT SICH NICHT. DA GIBT'S DOCH NUR DOLLAR!

2. Die Währung in Pfund basierte noch immer auf dem Duodezimalsystem.
3. Erste Hauptstadt der USA.

Im 19. Jahrhundert war für die Amerikaner die Freiheit des Bankwesens gleichbedeutend mit absoluter Freiheit: Innerhalb weniger Jahrzehnte gaben 1500 Banken 7000 verschiedene Arten von Noten aus.
EIN BANKÜBERFALL!
KÜMMERE DICH UM DIE HERDE, DIE IST WICHTIGER!
DAS IST DER WILDE WESTEN IM BANKWESEN!
CONTINENTAL BANK
TWO DOLLARS
BOSTON

Erst nach dem Schock des Bürgerkriegs (1861–1865) wurden die ersten Greenbacks[1], eine Papierwährung, vom Federal Government zur Finanzierung von Militäroperationen ausgegeben.
WENN DIE UNION GEGEN DIE KONFÖDERATION GEWINNT, WERDEN DIESE PAPIER-DOLLARSCHEINE ZUR LANDESWÄHRUNG!
UND WIR WERDEN SIE DRUCKEN, SEHR CLEVER!
UNITED STATES
ONE DOLLAR
WASHINGTON
THIS NOTE IS A LEGAL TENDER
LOANS
UNITED STATES
ONE
ONE

1. Die Vorläufer der grünen Banknote (1-Dollar-Note).

Noch vor Ende des Jahrhunderts zirkulierten die ersten Dollars. Dabei handelte es sich jedoch vor allem um große Scheine, die für die Geschäftswelt bestimmt waren.
SEHEN SIE SICH DIESE AUSGABE EINES SILBERZERTIFIKATS ÜBER 1000 DOLLAR VON 1891 MIT DEM BILDNIS EINES NEW YORKER SENATORS AN.
UNTER SAMMLERN IST DIES HEUTE DIE SELTENSTE BANKNOTE DER WELT[2]!
United States
1000
ONE THOUSAND
SILVER DOLLARS

2. Sie wurde 2013 für 2,6 Millionen Dollar (das Stück) verkauft.

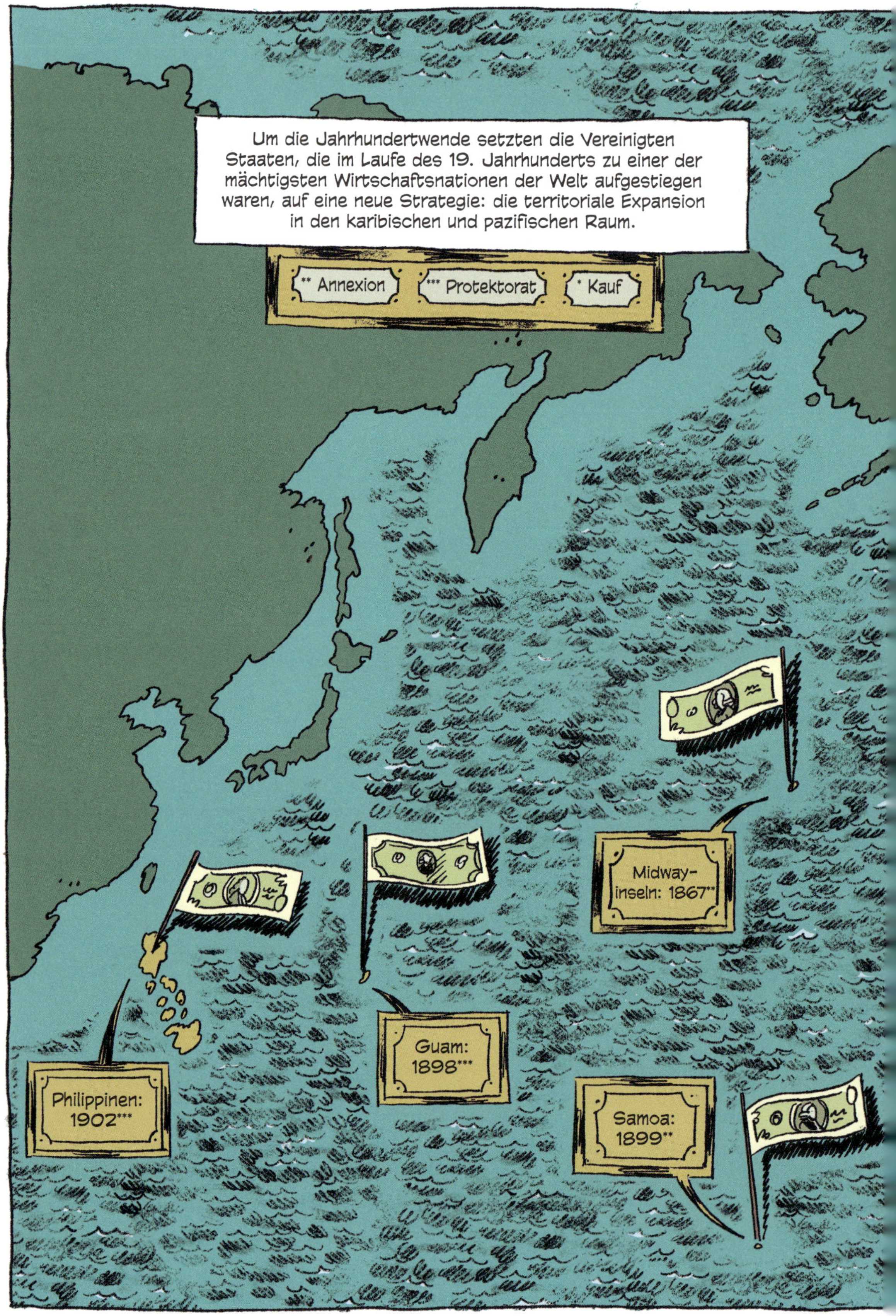
Um die Jahrhundertwende setzten die Vereinigten Staaten, die im Laufe des 19. Jahrhunderts zu einer der mächtigsten Wirtschaftsnationen der Welt aufgestiegen waren, auf eine neue Strategie: die territoriale Expansion in den karibischen und pazifischen Raum.
** Annexion
*** Protektorat
* Kauf
Midway-inseln: 1867**
Philippinen: 1902***
Guam: 1898***
Samoa: 1899**

Ob diese »Kolonien« nun gekauft, unter Protektorat gestellt oder annektiert worden waren, ihnen wurde nach und nach die amerikanische Währung aufgezwungen.
Alaska: 1867*
Hawaï: 1898**
Dänisch-Westindien: 1917*
Kuba: 1898***
Panama (Kanal): 1904*
Puerto Rico: 1898***
DAS WAR DER BEGINN EINER »DOLLAR-ZONE«!

In Wahrheit versuchte Washington, das Beispiel London zu kopieren. Als Queen Victoria 1901 starb, ging die Sonne über dem Britischen Empire nie unter. Das Pfund war die internationale Währung und England die größte Volkswirtschaft der Welt.

Eine internationale Währung verschaffte ihrem Herkunftsland einen entscheidenden Vorteil.
WIR KÖNNEN ÜBERALL, VON ADEN ÜBER KALKUTTA BIS HONGKONG, KREDITE GEWÄHREN ODER FORDERUNGEN ABSICHERN. NATÜRLICH IMMER IN PFUND!
WIR BEZAHLEN MIT UNSERER EIGENEN WÄHRUNG. UNSERE KONKURRENTEN HINGEGEN MÜSSEN SICH PFUND ODER GOLD BESCHAFFEN UND SIND DAHER KURSSCHWANKUNGEN UNTERWORFEN – FEIN!!
85 Prozent des internationalen Handels wurden in Pfund Sterling abgewickelt. Die Zeiten der ersten, vom Kolonialismus geprägten wirtschaftlichen Globalisierung waren ein goldenes Zeitalter für England.

GELD WAR IN DER TAT EINES DER MÄCHTIGSTEN INSTRUMENTE DER KOLONIALISIERUNG. DIE BRITEN MISSBRAUCHTEN ES.
ABER IHR PRAGMATISMUS WAR LEGENDÄR. WENN DAS PFUND NICHT VERWENDET WERDEN KONNTE, VERSORGTEN ANDERE WÄHRUNGEN IHRE KOLONIEN.
VICTORIA D.G. BRITT: REG: F.D.
Silver Crown mit dem Bildnis von Queen Victoria
So behielt London in Indien die alte, im Mogulreich geprägte Silberrupie bei, indem man sie an das britische Pfund koppelte – ein System, das die Unabhängigkeit Indiens 1947 überlebte.
VICTORIA EMPRESS
Manchmal wurden die Währungen ehemaliger konkurrierender Mächte wiederverwendet, um als neue lokale englische Währung zu dienen, wie hier in St. Kitts[1].
WIR HABEN EINEN RIESIGEN VORRAT AN SOUS AUS DEM EHEMALIGEN KÖNIGREICH FRANKREICH GEFUNDEN …
… UND SIE ZEICHNEN SIE IN PENNIES GEGEN, KEINE SCHLECHTE IDEE!
Im britischen Nigeria wurden kleine Aluminiummünzen im Wert von 1/2 Penny, 1/4 Penny oder 1/10 Penny geprägt, um die Handelsabläufe zu erleichtern.
ICH GEB IHNEN KEIN WECHSELGELD, WEIL ICH KEINE MÜNZEN HAB, DIE KLEIN GENUG WÄREN.
?!
In sämtlichen afrikanischen Kolonien konnten die Menschen ihre Steuern immer noch in Kauris zahlen, dieses uralte Muschelgeld war nie wirklich verschwunden!
6 PENCE SIND 2000 KAURI, SIE SCHULDEN DER KRONE ALSO 550 000 KAURI.
DAS IST DER PREIS FÜR EINE KUH!
SO IST DAS EBEN MIT DER INFLATION!

1. In der Karibik, früher eine französische Kolonie.

IN ALLEN KOLONIALREICHEN WAR DAS PHÄNOMEN ÄHNLICH, ANGEFANGEN MIT DEM FRANZÖSISCHEN KAISERREICH …
So prägte die Monnaie de Paris seit 1891 tunesische Francs, die denselben Wert wie der Franc germinal des metropolitanen Frankreichs hatten.
TUNISIE 1 FRANC 1894
Wertseite
Bildseite
Seit Beginn des 20. Jahrhunderts hatte man dort Kameruner Francs, Algerische Francs, aber auch Piaster in Französisch-Indochina.
HÄUFIG ERSETZTE DER FRANZÖSISCHE FRANC DIREKT DIE LOKALE WÄHRUNG, WIE DEN MADAGASSISCHEN ARIARY ODER SOGAR DIE KAURIS IN WESTAFRIKA.
Im riesigen, von Belgien kolonisierten Kongo[1] wurde 1887 der Kongo-Franc eingeführt, dem Wert des belgischen Franc gleichgesetzt. Auch hier bestanden die traditionellen Währungen weiter.
?! ICH GEB IHNEN KONGO-FRANCS FÜR IHRE BELGISCHEN FRANCS, DAS IST PRAKTISCHER …
NEIN, ICH NEHM DEN HAUFEN KAURIS, ICH WILL EINMAL IM GELD SCHWIMMEN.
In Deutsch-Ostafrika[2] setzten die Kolonialherren nicht ihre Mark durch, sondern eine in Heller[3] unterteilte Deutsch-Ostafrikanische Rupie.
EINE MÜNZE, DIE VON INDISCHEN RUPIEN INSPIRIERT WAR, MIT DEM GESICHT DES DEUTSCHEN KAISERS – DAS MUSSTE NATÜRLICH SEIN!
KLAR, WILHELM II. IST SCHLIESS-LICH AUCH KAISE IN AFRIKA!
GUILELMUS II IMPERATOR
DEUTSCH-OSTAFRIKANISHE GESELLSCHAFT 1902 EIN RUPIE

1. Heutige Demokratische Republik Kongo (zwischen 1885 und 1908 private Souveränität des belgischen Königs Leopold II., dann Belgisch-Kongo, Kolonie des Königreichs Belgien, von 1908 bis 1960).
2. Heutiges Ruanda, Burundi und Tansania (deutsche Kolonien zwischen 1890 und 1918).
3. Alte kaiserliche Münze aus dem germanischen Mittelalter (im Wert von einem halben Pfennig).

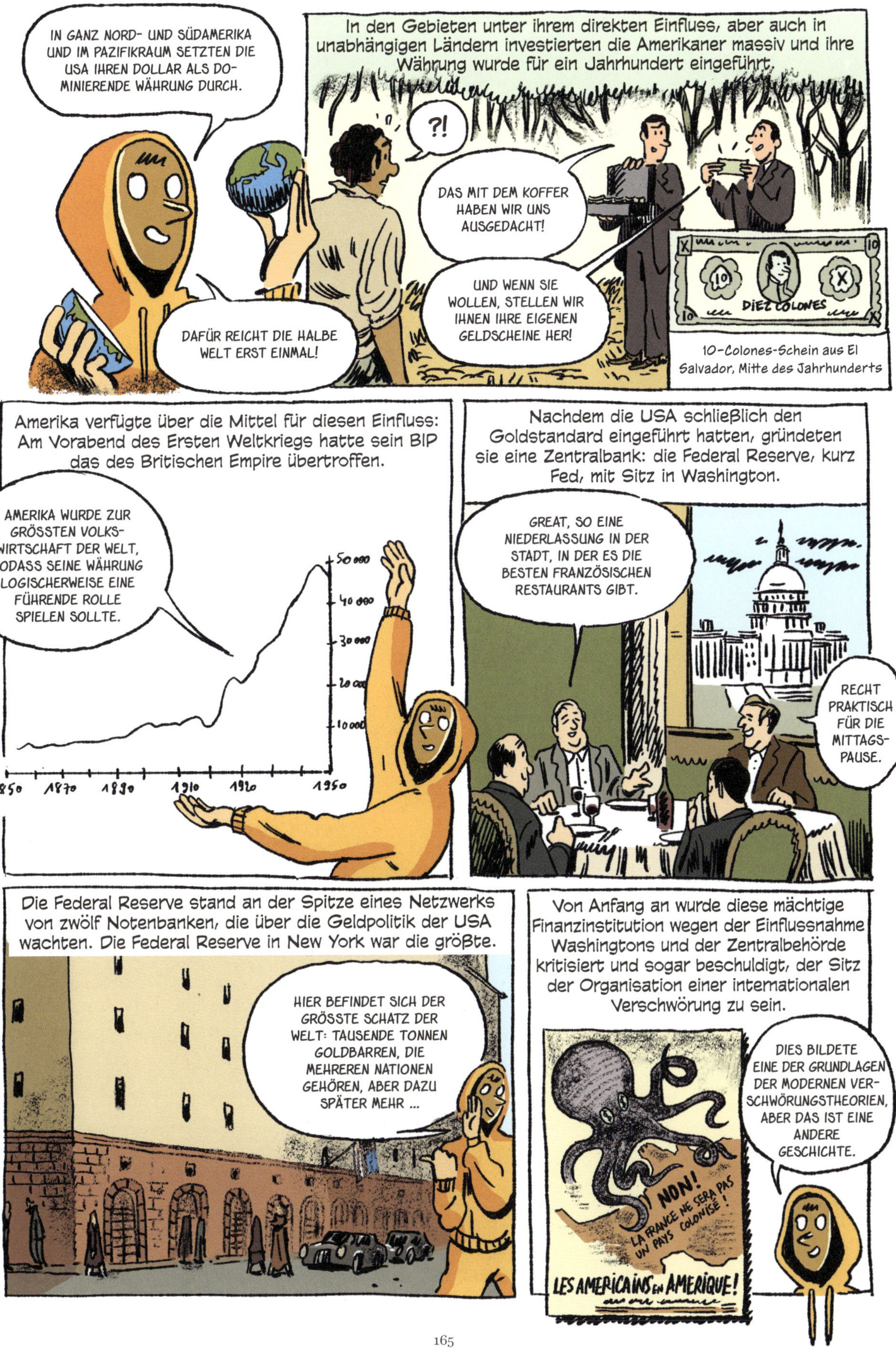
IN GANZ NORD- UND SÜDAMERIKA UND IM PAZIFIKRAUM SETZTEN DIE USA IHREN DOLLAR ALS DOMINIERENDE WÄHRUNG DURCH.
DAFÜR REICHT DIE HALBE WELT ERST EINMAL!
In den Gebieten unter ihrem direkten Einfluss, aber auch in unabhängigen Ländern investierten die Amerikaner massiv und ihre Währung wurde für ein Jahrhundert eingeführt.
?!
DAS MIT DEM KOFFER HABEN WIR UNS AUSGEDACHT!
UND WENN SIE WOLLEN, STELLEN WIR IHNEN IHRE EIGENEN GELDSCHEINE HER!
DIEZ COLONES
10-Colones-Schein aus El Salvador, Mitte des Jahrhunderts
Amerika verfügte über die Mittel für diesen Einfluss: Am Vorabend des Ersten Weltkriegs hatte sein BIP das des Britischen Empire übertroffen.
AMERIKA WURDE ZUR GRÖSSTEN VOLKSWIRTSCHAFT DER WELT, SODASS SEINE WÄHRUNG LOGISCHERWEISE EINE FÜHRENDE ROLLE SPIELEN SOLLTE.
50 000
40 000
30 000
20 00
10 000
1850 1870 1890 1910 1920 1950
Nachdem die USA schließlich den Goldstandard eingeführt hatten, gründeten sie eine Zentralbank: die Federal Reserve, kurz Fed, mit Sitz in Washington.
GREAT, SO EINE NIEDERLASSUNG IN DER STADT, IN DER ES DIE BESTEN FRANZÖSISCHEN RESTAURANTS GIBT.
RECHT PRAKTISCH FÜR DIE MITTAGSPAUSE.
Die Federal Reserve stand an der Spitze eines Netzwerks von zwölf Notenbanken, die über die Geldpolitik der USA wachten. Die Federal Reserve in New York war die größte.
HIER BEFINDET SICH DER GRÖSSTE SCHATZ DER WELT: TAUSENDE TONNEN GOLDBARREN, DIE MEHREREN NATIONEN GEHÖREN, ABER DAZU SPÄTER MEHR ...
Von Anfang an wurde diese mächtige Finanzinstitution wegen der Einflussnahme Washingtons und der Zentralbehörde kritisiert und sogar beschuldigt, der Sitz der Organisation einer internationalen Verschwörung zu sein.
NON! LA FRANCE NE SERA PAS UN PAYS COLONISÉ !
LES AMERICAINS EN AMERIQUE!
DIES BILDETE EINE DER GRUNDLAGEN DER MODERNEN VERSCHWÖRUNGSTHEORIEN, ABER DAS IST EINE ANDERE GESCHICHTE.

Die Katastrophe des Ersten Weltkriegs sprengte schließlich das aus dem 19. Jahrhundert hervorgegangene System, das auf stabilen großen europäischen Währungen beruhte, die sich am Gold orientierten. Und die Amerikaner waren die Hauptprofiteure.
Sie trugen maßgeblich zum Sieg der Alliierten bei und setzten so ihre Weltanschauung, ihre Wirtschaft und damit auch ihre Währung durch. Umso mehr, da der Krieg die europäischen Länder nachhaltig destabilisierte.

Tatsächlich plante Frankreich zunächst, seine Kriegslasten gegenüber Deutschland in Höhe von 20 Milliarden Franc zu finanzieren.
Doch die festgefahrenen Operationen ließen das Budget ausufern: Bis 1918 wurden 140 Milliarden Franc mobilisiert.
ZBROUUFF
Um den Schock abzufedern, druckte Paris Geld, führte öffentliche Anleihen ein und erfand sogar die Einkommenssteuer!
Diese Erhöhung der Geldmenge erzeugte eine klassische Inflation, ließ aber auch den Franc im Wert fallen.
Napoleons Franc germinal, der seit einem Jahrhundert stabil gewesen war, verlor gegenüber dem Dollar 70 Prozent seines Vorkriegswerts.
EMPEREUR
Und falls Paris mit den Nachkriegsreparationen gerechnet hatte, die Deutschland auferlegt worden waren, ging die Rechnung nicht auf.

Das besiegte Deutschland stellte nämlich schon bald die Zahlung seiner Kriegsschulden ein, da es unter einem völlig neuen monetären Phänomen litt: der Hyperinflation.

KEHREN WIR LIEBER ZUM TAUSCHHANDEL ZURÜCK. WIE VIEL WILLST DU FÜR 2 HÜHNER?
DEIN EISERNES KREUZ.
Kurs der Reichsmark zwischen 1918 und 1924
1918
1919
1920
1921
1922
1923
1924

1918 war 1 Dollar 4 Mark wert, 1924 4 Milliarden Mark! Die Deutschen bezahlten mit Kilogramm an Banknoten.
WOHIN GEHST DU?
EINEN LAIB BROT KAUFEN.

DIE DEUTSCHE WÄHRUNG WAR NICHTS MEHR WERT, NICHT EINMAL DAS PAPIER, AUF DEM SIE GEDRUCKT WAR. BERLIN MUSSTE BILLIONEN-BANKNOTEN[1] DRUCKEN.
HUNDERT BILLIONEN MARK
RICHSBANKDIRECTORIUM
100

1. Tausend Milliarden, also 10^{12}.

Erst das Rettungspaket des neuen Präsidenten der deutschen Reichsbank, Hjalmar Schacht[2], stabilisierte die Währungssituation.
VERBOT, NEUE BANKNOTEN ZU DRUCKEN ... EINSCHRÄNKUNG VON BANKKREDITEN ...
... UND EINFÜHRUNG DER RENTENMARK, ABGESICHERT DURCH INDUSTRIE- UND BODENKAPITAL ...
ACH JA, UND ... IRGENDWANN BRAUCHEN WIR AUCH EIN PROGRAMM ZUM BAU VON AUTOBAHNEN ...

2. Späterer Wirtschaftsminister des Dritten Reichs.

DIE SCHWÄCHUNG DER EUROPÄISCHEN WÄHRUNGEN STÄRKTE TROTZ DER KRISE VON 1929 WEITERHIN DAS FUNDAMENT DER US-WIRTSCHAFT. DAMALS SPRACH MAN VON EINEM WÄHRUNGSKRIEG.
DIE GRUNDLAGE DIESER WIRTSCHAFTSPOLITIK WAREN PROTEKTIONISTISCHE MASSNAHMEN WIE DIE KOMPETITIVE ABWERTUNG ODER DIE ERHÖHUNG VON ZÖLLEN.
Unmittelbar nach dem Börsencrash von 1929 erhoben die USA (erstmals) Zölle auf 20 000 Importgüter.
WIR HABEN SCHON UNSERE GROSSE DEPRESSION DORTHIN EXPORTIERT ...
... NUN WOLLEN WIR NICHT AUCH NOCH IHRE PROBLEME IMPORTIEREN.
1931 reagierte ein gewisser Winston Churchill, damals Schatzkanzler, also Finanzminister, indem er die Konvertierbarkeit von Pfund in Gold aussetzte ...
... WAS UNMITTELBAR DAZU FÜHRT, DASS DAS PFUND UM 40 PROZENT ABGEWERTET WIRD, GOD BLESS THE POUND!
IHR WHISKY, SIR.
Viele Länder leiteten daraufhin eine protektionistische Politik ein oder werteten ihre Währungen gezielt ab.
ABWERTUNG ODER ZÖLLE?
BEIDES, HERR GENERAL!
1936 werteten die letzten europäischen Länder, die noch an das Gold gebunden waren, ihre Währungen ab, während die Welt sich für den Krieg rüstete.
DER GOLDSTANDARD IST EIN SYSTEM DER VERGANGENHEIT, MACHEN WIR REINEN TISCH!
DU HAST RECHT. GIB MIR DEINE ALTEN NAPOLÉONS[1], DIE TAUGEN NICHTS MEHR!
LUTT

1. Zur Erinnerung: Der Napoléon d'or war eine 20-Franc-Goldmünze.

In diesem Zusammenhang wurden Währungen zu Kriegswaffen. Deutschland führte in allen eroberten Ländern seine Reichsmark ein ...
HERR GENERAL, DAS SIND FRANCS. WIR SIND IN FRANKREICH!
SCHON?
... Dadurch entstand eine Art »Reichsmark-Zone«, vergleichbar mit der »Yen-Zone«, die die Japaner im gesamten Pazifikraum durchsetzten.
UNSER ZIEL: DIE VERBINDUNG ZWISCHEN REICHSMARK- UND YEN-ZONE HERZUSTELLEN, HA HA HA!
HI HI HI ...
Eine andere Währungszone, die »Sterling-Zone«, war bereits von den Briten in ihren Dominions[1] und Kolonien eingeführt worden.
SIR!
EIN PFUND FÜR DIESES MADRAS-CURRY!
ES IST DAS BESTE, DAS ICH JE GEGESSEN HABE. AUCH DAS TEUERSTE.
In der UdSSR gab es de facto auch eine »Rubel-Zone«, da es dem Kommunismus nicht gelungen war, die Währung abzuschaffen.
MÜNZEN UND SCHEINE WERDEN VON DEN FABRIKEN NUR ZUR BEZAHLUNG DER ARBEITER VERWENDET, DIE SICH DAMIT IN DEN STAATLICHEN GESCHÄFTEN VERSORGEN.
?! WARUM HABEN WIR ES NOCH NICHT GESCHAFFT, DAS GELD ABZUSCHAFFEN?
Aber in Kriegszeiten werden Münzen und Scheine zwangsläufig knapp. Und immer kehren Tauschhandel und Warenwährungen zurück.
GANZ EINFACH: WIR NEHMEN SCHINKEN, WEIN UND KÄSE.
DAFÜR LASSEN WIR SIE AM LEBEN.
Regelmäßig gibt es »Ersatzwährungen«, um den Mangel zu beheben, wie z.B. Zigaretten in Gefangenenlagern.
GEHT GANZ EINFACH: WIR TAUSCHEN 20ER-PACKUNGEN ZIGARETTEN GEGEN ESSEN.
OH, DAS IST JA WIE DER DENAR UNTER KARL DEM GROSSEN, DER 20 SOU WERT WAR ... WIE PRAKTISCH!

1. Englisch für Herrschaftsgebiete.

Zu Kriegsbeginn versuchten die Deutschen sogar, englische Pfundnoten zu fälschen ...
WIR WERDEN MILLIARDEN VON GEFÄLSCHTEN 5-PFUND-SCHEINEN HERSTELLEN UND SIE ÜBER ENGLAND ABWERFEN!

Diese recht unbekannte Operation »Bernhard« zielte darauf ab, in den Gefangenenlagern zu einer Superinflation der britischen Wirtschaft zu führen.
WIR SIND JETZT BEI 134 MILLIONEN PFUND[1].
... WENN MAN BEDENKT, DASS WIR ZIGARETTEN GEGEN ESSEN TAUSCHEN MÜSSEN ...

1. Heute zwischen 5 und 6 Milliarden Euro.

Aber die Amerikaner überschwemmten Deutschland mit ihren eigenen Mark-Beständen, die auf ihren Dollarpressen gedruckt wurden.

BANKNOTE
5
FÜNK DEUTSCHE MARK
DEUTSCH MARK

WÄHREND DES LANGEN WIEDERAUFBAUS NACH DEM KRIEG BILDETEN SICH DIE WÄHRUNGS-ZONEN UM DIE SIEGERLÄNDER HERUM NEU.

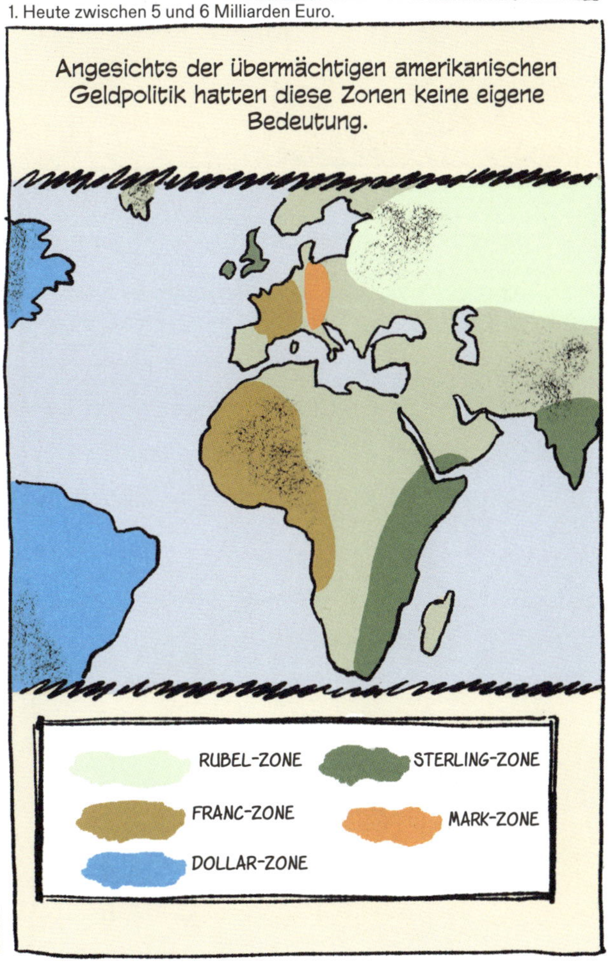
Angesichts der übermächtigen amerikanischen Geldpolitik hatten diese Zonen keine eigene Bedeutung.
RUBEL-ZONE
STERLING-ZONE
FRANC-ZONE
MARK-ZONE
DOLLAR-ZONE

Im Juli 1944, während die Kämpfe in Europa weitergingen, trafen sich Delegierte aus 44 Ländern in Bretton Woods (New Hampshire, USA) und legten das neue Währungssystem für die Nachkriegszeit fest.
NORWAY
CANADA
URSS
FRANCE
UNITED KINGDOM
NDIA
ERLAND
IRAQ
NICARAGUA
PANAMA
PERU
Obwohl es darum ging, einen neuen Währungskrieg zu verhindern, war der Dialog zwischen den späteren Siegern über Nazi-Deutschland unerbittlich.
Der berühmte britische Ökonom John Maynard Keynes schlug die Schaffung einer neuen Weltwährung vor: den Bancor, der von einer internationalen Behörde ausgegeben und garantiert werden sollte.
WENN DER BANCOR VON KEINEM STAAT AUSGEHT, BEGÜNSTIGT ER AUCH KEINEN, SONDERN IST EIN SYSTEM DER GLEICHEN BEDINGUNGEN.
Die Amerikaner und ihr stellvertretender Finanzminister Harry Dexter White zogen es vor, ein Projekt mit festen Wechselkursen für den Dollar voranzutreiben, der fortan die einzige in Gold konvertierbare Währung sein sollte.
WENN DER DOLLAR ZUR WELTWEITEN RECHNUNGSEINHEIT WIRD, HABEN WIR DEFINITIV EINEN WETTBEWERBSVORTEIL!
DIE SACHE WAR VON VORNHEREIN ENTSCHIEDEN: ES WAR DAS ÜBER HITLER SIEGREICHE AMERIKA, DAS SEINE VORHERRSCHAFT DURCHSETZEN SOLLTE.

Dennoch war Keynes eine weltweite Koryphäe auf dem Gebiet des Geldes. Er tat alles, um die zukünftige Dominanz des Dollars zu verhindern.

ICH SCHRIEB DAS WICHTIGSTE BUCH MEINER ZEIT, *DIE ALLGEMEINE THEORIE*[1].
NATÜRLICH IST EIN SYSTEM, DAS ALLEIN AUF DEN GOLDSTANDARD AUSGERICHTET IST, VÖLLIG ÜBERHOLT!
VOR ALLEM, WENN ES AUF EINER EINZIGEN INTERNATIONALEN WÄHRUNG EINES EINZIGEN LANDES BERUHT, DAS AUTOMATISCH ÜBERMÄSSIG BEGÜNSTIGT IST.

1. John Maynard Keynes: *Allgemeine Theorie der Beschäftigung, des Zinses und des Geldes,* 1936.

Der White-Plan wurde zum größten Teil angenommen, zum Vorteil der Vereinigten Staaten.
DAS SYSTEM BASIERT NUN AUF EINER FESTEN PARITÄT MIT EINER INTERNATIONALEN WÄHRUNG, DEM US-DOLLAR, DER EINZIGEN WÄHRUNG, DIE IN GOLD KONVERTIERBAR IST.
GRRRRR ...

In den Jahren des Wiederaufbaus war es der Dollar, mit dem die neuen liberalen Demokratien in ihren Volkswirtschaften den amerikanischen Standard zu erreichen suchten.
WIR WERDEN EIN PAAR MILLIARDEN DOLLAR ÜBER GANZ EUROPA VERTEILEN.
DAS NENNT MAN DEN MARSHALL-PLAN.
KLEINE INFO AM RANDE: DIE EUROPÄER WERDEN DIESE DOLLARS VERWENDEN, UM BEI UNS WAREN ZU KAUFEN.
OH YEAH!

Die währungspolitische Zusammenarbeit nahm Gestalt an, in neuen Organisationen wie dem Internationalen Währungsfonds und der Weltbank, mit Washington und seinem Dollar in starker Position.
INTERNATIONAL MONETARY FUND
KEYNES IST TOT.
VOR ALLEM DIE VORHERRSCHAFT DES PFUNDS IST TOT!
The New York Times
21 AVRIL 1966

1947 erblickte eine weltberühmte fiktive Figur das Licht der Welt, die die kulturelle Seite dieser monetären Dominanz der USA symbolisiert: Uncle Scrooge, alias Onkel Dagobert, später Star des Disney-Universums ...
DIESE FIGUR DES LIEBENSWERTEN ALTEN GRIESGRAMS VERKÖRPERTE DEN NEUEN HELDEN DES DOLLAR-ZEITALTERS: DEN »SELFMADEMAN«.
DAGOBERT DUCK HORTETE (UND HORTET BIS HEUTE) BERGEWEISE GELD.
KENNEN SIE DIE DONALD-DUCK-SAMMELMÜNZE? SIE IST EINE LIBERALE PARABEL: HILF DIR SELBST, SO HILFT DIR GOTT (BEI DEN GESCHÄFTEN)!
ICH HAB MICH VON EINER FIGUR VON CHARLES DICKENS INSPIRIEREN LASSEN[1] ... SEHR GELUNGEN!

1. Ebenezer Scrooge in der Erzählung *A Christmas Carol*, 1843.

Onkel Dagoberts »Geldspeicher« kann auch als Verkörperung des berühmten Goldlagers in Fort Knox (Kentucky) gesehen werden, in dem der Barrenbestand des US-Finanzministeriums aufbewahrt wird.
WASHINGTON BEGANN IN DEN 1930ER-JAHREN DAMIT, DIESEN MEGA-TRESOR IN FORT KNOX ZU FÜLLEN, ALS ROOSEVELT DEN AMERIKANERN VERBOT, MÜNZEN ODER BARREN PRIVAT AUFZUBEWAHREN.
WÄHREND DES KRIEGES KAMEN WEITERE DUTZEND TONNEN GOLD AUS EUROPA UND DER SCHATZ WURDE IMMER GRÖSSER: MAN VERMUTET, DASS ER HEUTE ETWA 4800 TONNEN[1] WIEGT.
AUSSER DEN BEDIENSTETEN, DIE DIE EIN- UND AUSGÄNGE REGELN, BETRITT NIE JEMAND DAS GEBÄUDE. DIE TÜR IST 53 ZENTIMETER DICK UND WURDE NOCH NIE AUFGEBROCHEN.
Nach dem Krieg errichteten die Amerikaner ihr auf den Dollar ausgerichtetes System der Währungsherrschaft.

1. Nach dem aktuellen Kurs (2023) etwa 270 Milliarden US-Dollar.

Und Fort Knox ist nicht die einzige riesige Schatztruhe: Der Goldbestand der Federal Reserve[2] ist noch größer, verborgen in Kellerräumen in der Wall Street.
WIR BEFINDEN UNS IN DER LIBERTY STREET 33 IN MANHATTAN, NUR WENIGE SCHRITTE VON DER AMERIKANISCHEN BÖRSE ENTFERNT. IM FÜNFTEN UNTERGESCHOSS VERBIRGT SICH DER WAHRE GOLDSCHATZ AMERIKAS.
SEIT EINEM JAHRHUNDERT WERDEN TAUSENDE TONNEN GOLD, DIE ENTWEDER DEN VEREINIGTEN STAATEN ODER ZAHLREICHEN VERBÜNDETEN LÄNDERN GEHÖREN, DORT GELAGERT UND NIE ANGERÜHRT.
LÄNDER, DIE WAREN UND DIENSTLEISTUNGEN GEGEN BARREN TAUSCHEN, KÖNNEN DIES PER FERNBUCHUNG TUN. GOLD VERLÄSST DEN AMERIKANISCHEN BESTAND NICHT. DIE BEAMTEN DER FED VERSCHIEBEN DIE BARREN LEDIGLICH AUS DER ABTEILUNG EINES LANDES IN DIE EINES ANDEREN.

2. Seit der Gründung der Fed im Jahr 1913 getrennt von den Beständen des Schatzamtes. Die US-Notenbank besitzt derzeit ein Viertel aller Goldreserven der Zentralbanken weltweit, was etwas mehr als 8000 Tonnen entspricht.

Cornelius Vanderbilt (1794-1877, Eisenbahnen): 185 Milliarden
Andrew Carnegie (1835-1919, Stahl): 300 Milliarden
Alexander Turney Stewart (1803-1876, Kaufmann): 90 Milliarden
IM KNAST
DER DOLLAR WAR AUCH DAS SYMBOL FÜR EIN SPEZIFISCHES PHÄNOMEN DES SPÄTEN 19. UND FRÜHEN 20. JAHRHUNDERTS: DIE VERMEHRUNG DER MILLIARDÄRE, DER ERSTEN DOLLAR-MILLIARDÄRE!
Jason Jay Gould (1836-1892, Transportwesen, Telegrafie): 100 Milliarden.
DIESE WIRTSCHAFTSMAGNATEN WAREN ALLESAMT AMERIKANER UND SPIEGELTEN EINE ZEIT WIDER, IN DER SICH DAS GELD DER REICHEN AUSSERHALB JEGLICHER KONTROLLE UND BESTEUERUNG VERMEHRT.
John D. Rockefeller (1839-1937, Öl): 336 Milliarden.
John Jacob Astor IV. (1864-1912, Immobilien): 121 Milliarden[1].
Henry Ford (1863-1947, Automobile): 200 Milliarden.
20 000 $
START

1. In Dollars des 21. Jahrhunderts.

SOGAR DIE SUPERREICHEN UNSERER 2020ER-JAHRE SIND WEIT ENTFERNT VON JENEM NIVEAU DES REICHTUMS.
Bernard Arnault (LVMH): 211 Milliarden
Jeff Bezos (Amazon): 114 Milliarden
Elon Musk (Tesla, SpaceX, Twitter): 180 Milliarden
Die Bewertung der größten Vermögen in der Geschichte ist zugegebenermaßen eine komplexe Aufgabe. Häufig waren die Ultrareichen die größten Herrscher. Augustus, der erste Kaiser, besaß einen Großteil der Vermögenswerte Roms.
IN KNETE VERITAS.
Und der reichste Mann aller Zeiten war womöglich der weithin unbekannte Herrscher des Reiches von Mali im 14. Jahrhundert: Mansa Moussa, Besitzer von Goldminen in ganz Westafrika.
WAS SAGT IHR NUN, IHR RÖMISCHEN KAISER?
EINIGE DER SUPERREICHEN WAREN SILBERSCHMIEDE ODER BANKIERS. ERINNERN SIE SICH AN JAKOB FUGGER[1]? DER ANDERE WAR DER BERÜHMTE JOHN PIERPONT MORGAN VON DER WALL STREET.
UNSER MANTRA: LASST UNS NICHT FÜR GELD ARBEITEN …
… LASST DAS GELD FÜR UNS ARBEITEN.

1. Siehe Kapitel 5.

DIE ROTHSCHILDS ERWÄHNE ICH HIER NICHT, UM AUCH MAL ANDERE ZU NENNEN.
ABER ZURÜCK ZUR NACHKRIEGS-ZEIT …

Welch ein Kontrast zu Europa, wo es Jahre dauerte, bis sich die Währungssituation stabilisierte! In Frankreich führte Antoine Pinay 1960 einen neuen Franc ein, um das Vertrauen in die Währung wiederherzustellen.
DAS SYSTEM IST EINFACH: 1 NEUER FRANC ENTSPRICHT 100 ALTEN FRANC, PUNKT.
GENIAL, HERR MINISTER.
HABEN SIE KEINE BEDENKEN, DIE FRANZOSEN ZU VERWIRREN, HERR MINISTER?
In Westdeutschland verbesserte sich die Lage mit der Einführung einer neuen Währung nur sehr langsam: Die D-Mark ersetzte die Reichsmark.
SOLL ICH DIE ALTEN REICHSMARK FÜR DAS VIERTE REICH AUFHEBEN?
NÖ, DAS IST SICHER NICHT NÖTIG.
In Ostdeutschland setzte das prosowjetische Regime die Ostmark durch, eine politische Antwort auf die D-Mark.
DIESE SCHEINE SIND WERTLOS ...
JA, VERHÄNGEN WIR LIEBER EINE BLOCKADE.
Gleichzeitig wurde der Dollar zur weltumspannenden Devise. Indem die USA überall kauften und investierten und dadurch ein immer größeres Defizit verursachten, halfen sie, den Welthandel anzukurbeln und die Volkswirtschaften der westlichen Länder zu stärken.
DER MARSHALLPLAN IST SCHON LANGE DURCH, ABER UNSERE MILITÄRAUSGABEN AUF ALLEN SCHAUPLÄTZEN DER WELT VERURSACHEN DENSELBEN EFFEKT.
ES GIBT AUCH DIE INVESTITIONEN UNSERER GROSSEN FIRMEN.
JE MEHR KRIEGE WIR FÜHREN, DESTO MEHR GESCHÄFTE MACHEN WIR UND DESTO MEHR SETZT SICH UNSERE WÄHRUNG ÜBERALL DURCH ... ISN'T IT MAGIC?

DIESE SITUATION SOLLTE 30 JAHRE LANG ANHALTEN, DAHER DER AUSDRUCK »DIE DREISSIG GLORREICHEN«. DOCH ENDE DER 1960ER-JAHRE WURDEN SCHWACHSTELLEN IM SYSTEM SICHTBAR.
1971 verkündete Nixon plötzlich das Ende des Bretton-Woods-Systems.
THE PARTY'S OVER, BOYS!
Der feste Wechselkurs des Dollars in Gold wurde endgültig aufgehoben.
KEINE UNZE MEHR FÜR 35 DOLLAR ... HIER SIND NEUE SCHEINE.
Denn die Nachfrage nach Gold zu dem vor dem Krieg festgelegten Kurs wurde unhaltbar.
GEBT DAS GOLD ZURÜCK, YANKEES!
Durch die Entkoppelung des Goldes vom Dollar ließen die USA den Preis explodieren.
UND DAMIT AUCH DEN WERT UNSERER EIGENEN GOLD-BESTÄNDE!
Der Dollar wurde auf dem Markt automatisch abgewertet.
WIR KÖNNEN NOCH MEHR EXPORTIEREN!
Ab 1973 trat die Welt in ein neues Zeitalter ein.
DIE WECHSELKURSE ZWISCHEN DEN WÄHRUNGEN WURDEN VARIABEL.
Unbeständige Zeiten: Milliarden von Dollar wurden künstlich geschaffen.
WAS SOLL ICH SCHREIBEN? EINE MILLION DOLLAR?
Die Welt besaß nun dreimal so viele Dollars[1] wie das US-Defizit ausmachte.
SIE MUSSTEN NUR EIN DOLLARKONTO EINRICHTEN, UND SCHON HATTEN SIE DOLLARS PRODUZIERT.

1. 1500 Milliarden gegenüber 500 Milliarden im Jahr 1981.

UM DIE WILDEN SPEKULATIONEN EINZUDÄMMEN, GRÜNDETEN DIE LÄNDER DER EUROPÄISCHEN WIRTSCHAFTSGEMEINSCHAFT[1] 1972 DIE SOGENANNTE WÄHRUNGS-SCHLANGE, DIE DAS SCHWANKEN IHRER JEWEILIGEN WÄHRUNGEN EINSCHRÄNKEN SOLLTE.
ZUSAMMENFASSEND GESAGT SOLLTEN DIE WERTE DER WÄHRUNGEN GEGENÜBER DEM DOLLAR EIN MAXIMUM UND EIN MINIMUM NICHT ÜBER- BZW. UNTERSCHREITEN. UND EINE ANGEGRIFFENE EUROPÄISCHE WÄHRUNG SOLLTE VON DEN ANDEREN VERTEIDIGT WERDEN.

1. EWG, 1957 durch die Römischen Verträge gegründet.

Die Wechselkursschwankungen von maximal 3 Prozent wurden im Verhältnis zu einer neuen Referenzwährung berechnet: der European Currency Unit, kurz ECU.
DIE ECU WAR DIE RECHNUNGSEINHEIT DER EUROPÄISCHEN GEMEINSCHAFT, DER SPÄTEREN EU UND VORLÄUFER DES EUROS. BANKNOTEN IN ECU GAB ES NICHT, MÜNZEN NUR ALS SYMBOLISCHE SONDERAUSGABEN.
DER NAME WAR DEM FRANZÖSISCHEN PRÄSIDENTEN VALÉRY GISCARD D'ESTAING ZU VERDANKEN, DER DAS AKRONYM ALS HOMMAGE AN DIE WÄHRUNG ÉCU DES ANCIEN RÉGIME ERFUNDEN HATTE.

Ab dem Vertrag von Maastricht im Jahr 1992 sollte aus einer theoretischen gemeinsamen Währung eine reale gemeinsame Währung werden: der Euro.
SOLL ICH DIR EIN LETZTES BIER IN FRANCS AUSGEBEN?
NEIN, ICH BEZAHL DIR EIN BIER IN D-MARK!
Am 1. Januar 1999 wurde der Wechselkurs zwischen den europäischen Währungen der neuen Eurozone festgeschrieben.
1 EURO IST DEFINITIV 6,55957 FRANC WERT, PUNKT!
ICH WEISS NICHT, OB CALVIN DAS GEFALLEN HÄTTE …
Die eigentliche Revolution war jedoch die Einführung des Euro im Januar 2002, eine in der Währungsgeschichte beispiellose Umstellung für eine kontinentale Zone mit 300 Millionen Einwohnern.
EINERSEITS MÜSSEN 6 MILLIARDEN BANKNOTEN UND 30 MILLIARDEN MÜNZEN AUS DEN 12 BISHERIGEN WÄHRUNGEN EINGEZOGEN WERDEN …
WIR HATTEN NOCH NIE SO VIEL ARBEIT SEIT DER EINFÜHRUNG DES FRANC GERMINAL …
WEM SAGEN SIE DAS! WIR SOLLTEN STREIKEN!
… ANDERERSEITS MUSSTEN 15 MILLIARDEN NEUE EURO-BANKNOTEN UND 52 MILLIARDEN MÜNZEN EINGEFÜHRT WERDEN.
ERIE
Das neue Währungssystem bedeutete einen tiefgreifenden Umbruch: Die Computer- und Buchhaltungssysteme mussten angepasst, eine Europäische Zentralbank geschaffen und die Bankenregulierung geändert werden.

DER EURO WIRD EIN ERFOLG, AUCH WENN DER DOLLAR TROTZ ALLEM DIE INTERNATIONALE REFERENZWÄHRUNG BLEIBT.
GLEICHZEITIG IST SEIT ENDE DER 1970ER-JAHRE EINE ANDERE, ABER DIESMAL SCHLEICHENDE ENTWICKLUNG AM WERK: DIE DER VIRTUELLEN WÄHRUNGEN.
BLOCK#3 AS BE
EEN ADDED TO THE BLOCKCHAIN!

KAPITEL 8

DAS VIRTUELLE ZEITALTER

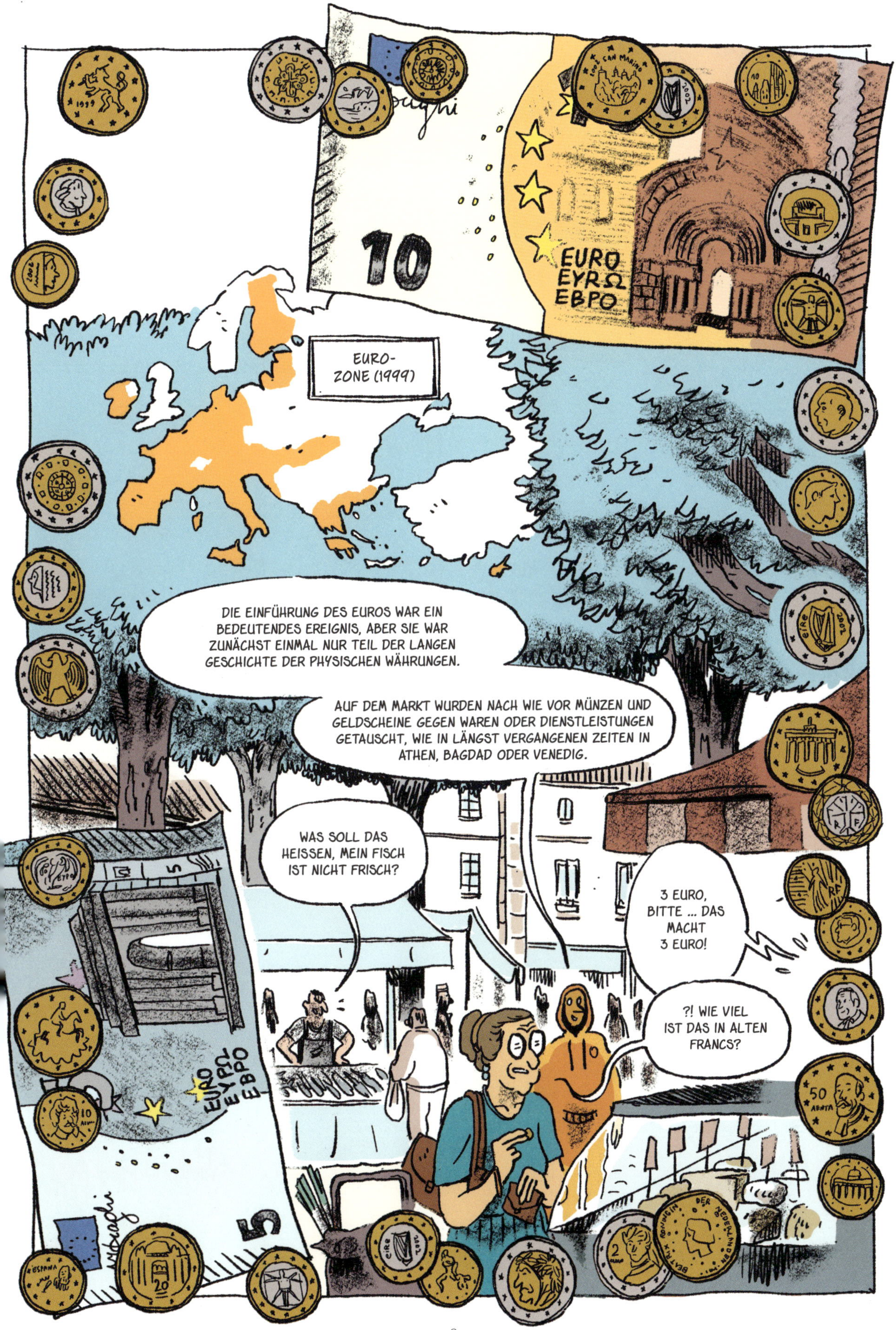
10
EURO
EYRΩ
EBPO
EURO-ZONE (1999)
DIE EINFÜHRUNG DES EUROS WAR EIN BEDEUTENDES EREIGNIS, ABER SIE WAR ZUNÄCHST EINMAL NUR TEIL DER LANGEN GESCHICHTE DER PHYSISCHEN WÄHRUNGEN.
AUF DEM MARKT WURDEN NACH WIE VOR MÜNZEN UND GELDSCHEINE GEGEN WAREN ODER DIENSTLEISTUNGEN GETAUSCHT, WIE IN LÄNGST VERGANGENEN ZEITEN IN ATHEN, BAGDAD ODER VENEDIG.
WAS SOLL DAS HEISSEN, MEIN FISCH IST NICHT FRISCH?
3 EURO, BITTE ... DAS MACHT 3 EURO!
?! WIE VIEL IST DAS IN ALTEN FRANCS?
EURO
EYPΩ
EBPO
5

In Wirklichkeit hatte sich die Landschaft der Zahlungsmittel in den westlichen Ländern seit der Nachkriegszeit aber weitgehend verändert.

UM DIE JAHRTAUSENDWENDE WURDEN IMMER NOCH 90 PROZENT ALLER ZAHLUNGSVORGÄNGE MIT BARGELD, ALSO MIT MÜNZEN UND SCHEINEN, ABGEWICKELT.
WERTMÄSSIG MACHTEN DIE ALTERNATIVEN LÖSUNGEN, DIE SIE HIER SEHEN, JEDOCH EIN STATTLICHES DRITTEL DER TRANSAKTIONEN AUS.
ZAHLUNGSMITTEL OHNE BARGELD
(in Prozent der Transaktionen in Frankreich, Jahr 1999, Banque de France)
Scheck: 44,5 Prozent
Kreditkarte: 25 Prozent
Überweisung: 15,2 Prozent
Automatische Abbuchung: 12 Prozent
Sonstige: 3,3 Prozent

Der Scheck, der Nachfahre des Sakk[1], war zu einem beliebten Zahlungsmittel geworden, weiterentwickelt von den Banken in den letzten 100 Jahren.
FÜLLEN SIE DAS HIER AUS …
WEISS ICH, DANKE!

1. Siehe Kapitel 4.

Mit der Computerisierung der Gesellschaft setzte sich die Überweisung als bevorzugtes Zahlungsmittel für große Summen wie Gehälter oder Renten durch.
OH JE, MEINE RENTE WURDE GEKÜRZT!
LOGITEK

Automatische (regelmäßig fällige) Abbuchungen oder Überweisungen von Bankkonto zu Bankkonto wurden immer häufiger.
WIE ÜBLICH HAB ICH MEHR ABBUCHUNGEN ALS ÜBERWEISUNGEN …

Für die Begleichung von Rechnungen wurden neue Zahlungsmodalitäten geschaffen, z. B. das Interbank-Zahlungssystem.
MÖCHTEN SIE NICHT LIEBER EIN LASTSCHRIFTVERFAHREN EINRICHTEN?
AUF KEINEN FALL …

ENDE DES 20. JAHRHUNDERTS VERÄNDERTE SICH ALLMÄHLICH DER UMGANG MIT GELD IM ALLTAG.

Die gewaltige Neuerung dieser Zeit war natürlich die Kreditkarte, eine weitere amerikanische Erfindung.

Ab 1950 bot das New Yorker Netzwerk des Diners Club seinen Stammkunden Mitgliedskarten an, zunächst aus Pappe, mit denen sie ihre Zahlungen stunden konnten.
SO HAT MAN NICHT DAS GEFÜHL, DASS MAN ETWAS BEZAHLT.
AUSSER AM ENDE DES MONATS, DA BEKOMMST DU ES DANN ZU SPÜREN.

Im Jahr 1958 führte eine der größten Banken der USA, die kalifornische Bank of America, die erste Kreditkarte mit dem Namen BankAmericard[1] ein.
NEIN, MR. KING, MIT DEM PRESSEAUSWEIS KÖNNEN SIE NICHT BEZAHLEN …

1. Vorläuferin der heutigen Visa Card.

1967 folgte ein Zusammenschluss von fünf großen französischen Banken dem amerikanischen Beispiel und erfand die berühmte Carte Bleue, kurz »CB«.
WARUM BLAU?
NA, DAS IST DOCH DIE FARBE UNSERER NATIONALMANNSCHAFTEN IM SPORT!

Die Erfindung der Carte à puce durch den Franzosen Roland Moreno im Jahr 1974 sorgte für den Durchbruch dieses Zahlungsmittels und seiner vielfältigen Verwendungsmöglichkeiten.
JA, MADAME, MIT IHRER KARTE WIRD IHNEN DIESE MASCHINE BANKNOTEN AUSGEBEN.
ALTE ODER NEUE FRANCS?

Mit Kreditkarten konnten die Kunden nun ihre Konten selbst einsehen: Die Geburtsstunde des Online-Bankings, das den Verbraucher zum direkten Verwalter seines Geldes macht.
RETRAIT
?! EIGENTLICH PLAUDERE ICH LIEBER MIT MONIQUE AM SCHALTER.
HEUTE STEHEN PREMIUM KREDITKARTEN FÜR FINANZIELLEN WOHLSTAND.
WOHL REIN ZUFÄLLIG SIND SIE MEIST GOLDFARBEN.
Zwar setzten sich nicht alle monetären Innovationen systematisch durch ...
CHIPK NIP
MONEO
MINI CASH
PROTON
CASH
ERINNERN SIE SICH AN DIE »ELEKTRONISCHEN GELDBÖRSEN« WIE MONEO IN FRANKREICH, MIT DENEN VOR ALLEM KLEINERE BETRÄGE RASCH BEGLICHEN WERDEN KONNTEN?
... SIE WURDEN VON DEN EUROPÄISCHEN NUTZERN NIE ANGENOMMEN UND VERSCHWANDEN WIEDER!
... andere gehören aber mittlerweile zum Alltag.
DAS NENNT MAN KONTAKTLOS. HALTEN SIE BITTE IHRE KARTE AN DAS SYMBOL AM TERMINAL UND SCHON IST ALLES ERLEDIGT.
NA SCHÖN, DAS IST JA WIE IM GEFÄNGNIS.
DIE COMPUTERISIERUNG DER GESELLSCHAFT SEIT DEN 1970ER-JAHREN IST NATÜRLICH DER GRUND FÜR DIESEN WANDEL IN DER WELT DES GELDES.
DIESER WANDEL BETRIFFT VOR ALLEM GESCHÄFTLICHE TRANSAKTIONEN, DEREN UMFANG ENORM ZUNIMMT.
Bereits 1912 hatte der belgische Wirtschaftswissenschaftler Maurice Ansiaux diese Entmaterialisierungsphänomene theoretisch erfasst und den Ausdruck Buchgeld geprägt.
BUCHGELD IST GELD, DAS VON KONTO ZU KONTO ÜBERTRAGEN WIRD, ANSTATT VON HAND ZU HAND ZU ZIRKULIEREN.

Seit einem Jahrhundert organisieren nun Banken als Grundlage des modernen Kapitalismus das Wachstum der Geldmenge, indem sie immer mehr Geld in Form von Krediten schaffen.
DAS IST NOTWENDIG, UM DIE WIRTSCHAFT ZU BEFLÜGELN.
DAS MACHT UNS GEWISSERMASSEN ZU HUMANISTEN.
!

ES HANDELT SICH NUR UM BUCHUNGEN. DIE BANKER HABEN DEN TRAUM DER ALCHEMISTEN WAHR GEMACHT: SIE SCHAFFEN GELD AUS DEM NICHTS!
DIE DIGITALE REVOLUTION WIRD DIESES PHÄNOMEN NOCH WEITER ANKURBELN.
Mit dem Aufkommen der »Datenautobahnen«[1] in den 1990er-Jahren können alle Finanz- und Bankinstitute der Welt miteinander vernetzt werden.
Durch die Abschaffung der Transaktionszeit steigern die neuen Technologien die Menge des Werteaustauschs noch weiter.

1. Information Highway: Vorläufer des Webs.

Nach und nach werden die meisten Börsen elektronisch: Das Geld bewegt sich nun mit Schallgeschwindigkeit.
HIER LEGT DER DJ BEI UNSEREN PARTYS AUF. WENN DU GESCHÄFTE MACHEN WILLST, GEH LIEBER NACH OBEN IN DEN COMPUTERRAUM.
?!

Mit der Einführung des Euros steigt das tägliche Volumen der Finanztransaktionen auf der ganzen Welt auf 2 Billionen US-Dollar.
LOS, SCHNELLER!

Die ständige Geldschöpfung lässt die Geldmenge so stark anwachsen wie nie zuvor in der Geschichte: der Großteil ihres Wertes besteht nun aus Buchungen ...
... IM 21. JAHRHUNDERT BETRÄGT DER GESAMTWERT DES GEZEICHNETEN GELDES IN DER WELTWIRTSCHAFT NUN NICHT MEHR ALS 5 PROZENT.

Die früheren Wertpapierbörsen sind zu Finanzmaschinerien geworden, in denen rund um die Uhr Geschäfte in Milliardenhöhe gemacht werden, die mit der physischen Geldrealität nichts zu tun haben.
LET'S BE SERIOUS: DIE FINANZWELT ERMÖGLICHT DIE BELEBUNG DER WIRTSCHAFT, SIE IST DIE GRUNDLAGE FÜR WACHSTUM UND DAMIT FÜR WOHLSTAND.
Toronto Stock Exchange
London Stock Exchange
Euronext Amsterdam
SSE (Shanghai)
Kabuto-Cho (Tokio)
SEHK (Hongkong)
Börse Frankfurt
CBOT (Chicago)
Wall Street (New York)
Euronext Paris
SIX Swiss Exchange (Zürich)
MHMM ... SEIT EINEM VIERTELJAHR-HUNDERT FÜHREN WIR DIESELBE DEBATTE.
Gordon Gekko, der Bösewicht aus dem Film *Wall Street*

Seit Anfang der 2010er-Jahre sind automatische Computerprogramme sogar in der Lage, Tausende von Kauf- oder Verkaufsaufträgen in Sekundenschnelle zu erteilen!
EIN UNTERNEHMEN HAT 300 MILLIONEN DOLLAR INVESTIERT, UM EINE PRIVATE GLASFASERLEITUNG ZU VERLEGEN, DIE DIE BÖRSEN VON CHICAGO UND NEW YORK IN 9,5 MILLISEKUNDEN VERBINDET – 3 MILLISEKUNDEN SCHNELLER ALS DAS HERKÖMMLICHE NETZ!
Chicago
New-York
DAS IST DAS AUS FÜR DEN BERUF DES BÖRSEN-MAKLERS!
Michael Lewis, Wirtschaftsjournalist
DIESE ALGORITHMEN KÖNNEN IHREN WUNSCH, AKTIEN EINES BESTIMMTEN UNTERNEHMENS ZU KAUFEN, ERKENNEN UND DIESE DANN IN EINEM MIKROBRUCHTEIL EINER SEKUNDE VOR IHNEN ERWERBEN, UM SIE IHNEN SOFORT ZU EINEM HÖHEREN PREIS WIEDER ZU VERKAUFEN!
Die Finanzbehörden haben größte Schwierigkeiten, diesen Handel namens High-Frequency-Trading (HFT) zu kontrollieren, bei dem die Orders nun mit Lichtgeschwindigkeit unterwegs sind.
WIR BRÄUCHTEN QUANTEN-COMPUTER!
MIR GEFIELEN DIE ZEITEN DES GUTEN ALTEN GORDON GEKKO BESSER …
Seit Jahren wird nun gegen den gewaltigen Einfluss, den die Finanz- und Bankensphäre durch diese Geldmassen über die Wirtschaft hat, protestiert.
ENTWEDER SIND DIE FINANZBEHÖRDEN NICHT IN DER LAGE, SICH SELBST ZU REGULIEREN, ODER SIE SIND KOMPLIZEN!
1 PROZENT DER GESELLSCHAFT BESITZT ALLES …
… DAS IST ZU VIEL!
ANGEFANGEN BEI EINER GANZ BESTIMMTEN GRUPPE VON AKTIVISTEN.

Seit den 1990er-Jahren stellen sogenannte Cypherpunks[1] die durch die Digitaltechnologie entstandene weltweite staatliche Überwachung infrage. Dabei handelt es sich um eine internationale anarchokapitalistische Gruppe von »Geeks«, also Menschen, die technisch sehr versiert sind.
Eric Hughes (A Cypherpunk's Manifesto)
Phil Zimmermann (Pretty Good Privacy)
Nick Szabo (BitGold)
John Gilmore (Electronic Frontier Foundation)
Adam Back (Hashcash)
Tim C. May (Intel)
Jude Milhon (The Well)
Jon Callas (OpenPGP)
Hal Finney (1. Bitcoin-Transaktion)
DIESE KRYPTOGRAFIE-EXPERTEN SIND ALLESAMT KINDER DER AMERIKANISCHEN GEGENKULTUR, DIE MIT SCIENCE-FICTION, TRANSHUMANISMUS UND LIBERTARISMUS GEFÜTTERT WURDE. KURZ GESAGT: DAS GEGENTEIL VOM SILICON VALLEY.
Wei Dai (B-Money)
David Chaum (DigiCash)
Julian Assange (Wikileaks)

1. Abgeleitet von Cypher (»verschlüsselte Nachricht«) und Punk. Cypherpunk bezieht sich auch auf Cyberpunk, das Subgenre von Science-Fiction.

Die Aktivisten dieser Bewegung misstrauen dem offiziellen, von den Zentralbanken verwalteten Geld, das ihrer Meinung nach eine Bedrohung für die Freiheit darstellt.
JE VIRTUELLER DIE WÄHRUNGEN, DESTO GRÖSSER DIE ÜBERWACHUNG.
SOLANGE ICH REICH BIN, LASS ICH MICH GERNE ÜBERWACHEN.
Einer ihrer Vordenker war Friedrich August Hayek, ein österreichisch-englischer Theoretiker des Neoliberalismus, der sich für ein freies Währungssystem einsetzte.
ICH GLAUBE NICHT AN DIE RÜCKKEHR EINER SOLIDEN WÄHRUNG, SOLANGE WIR DAS GELD NICHT AUS DEN HÄNDEN DES STAATES BEKOMMEN. WIR KÖNNEN DAS NICHT GEWALTSAM TUN; MAN KANN ALLENFALLS DURCH IRGENDWELCHE INDIREKTEN UND LISTIGEN MITTEL ETWAS EINFÜHREN, DAS ER NICHT VERHINDERN KANN.
Das Aufkommen lokaler Bürgerwährungen in den 2000er-Jahren ist eine erste Antwort auf diese Situation.
SIE KÖNNEN MIT EUSKO ÜBER DIESES TERMINAL ODER MIT BANKNOTEN VON 1 BIS 20 EUSKO BEZAHLEN. ES IST EINE ART BASKISCHER EURO!
?! NEHMEN SIE NOCH ALTE FRANCS? ICH HAB NOCH EINE SCHACHTEL VOLL.
5
5 eusko
Für die Aktivisten der Cypherpunk-Bewegung sind diese lokalen Währungen jedoch keine Lösung.
ABER SCHLIESSLICH FÖRDERN SIE LOKALE PRODUKTE UND STÄRKEN DIE SOZIALEN BINDUNGEN!
DIE PARITÄT MIT DEM EURO MACHT EURE LOKALE WÄHRUNG NUR ZU EINER UNTERABTEILUNG DER WÄHRUNG, DIE VON DERSELBEN ZENTRALBANK VERWALTET WIRD.
KOLLABORATEUR!
IHRER MEINUNG NACH BERUHT IHR SCHLÜSSEL ZUM ERFOLG AUF DEN FORTSCHRITTEN DER DIGITALEN KRYPTOGRAFIE.
NUR SO KANN DIE ANONYMITÄT DER TRANSAKTIONEN GEWÄHRLEISTET WERDEN.
SIE SIND DER MEINUNG, DASS DAS FINANZSYSTEM ÜBERMÄSSIG GEWACHSEN SEI ... WIE DER FROSCH IN DER FABEL.
ES WIRD DAHER UNWEIGERLICH EXPLODIEREN UND SEINE SCHWÄCHEN OFFENBAREN, YEAH MAN!
Ein globales Ereignis sollte ihnen zum Teil recht geben.

Am 15. September 2008 geht die US-amerikanische Bank Lehman Brothers in Konkurs. Dies ist der Höhepunkt der Subprime-Krise. Ein Bankrott, der das gesamte Bankensystem in Mitleidenschaft zieht.

Dow-Jones-Index
2008
2009
2010
2011
LEHMAN BR
"WHERE VISION GETS BUILT"
ICH HAB GEHÖRT, DASS MERRILL LYNCH AUCH PLEITEGEHEN WIRD.
LEHMAN BR)THERS
JA, ABER DIE BANK OF AMERICA WIRD SIE ÜBERNEHMEN.
NEW YORK
HONG KONG

Lehman, einer der größten multinationalen Investmentkonzerne der Welt, kann nicht gerettet werden. Die Anfälligkeit des Finanzsystems zeigt sich hier auf eklatante Weise.

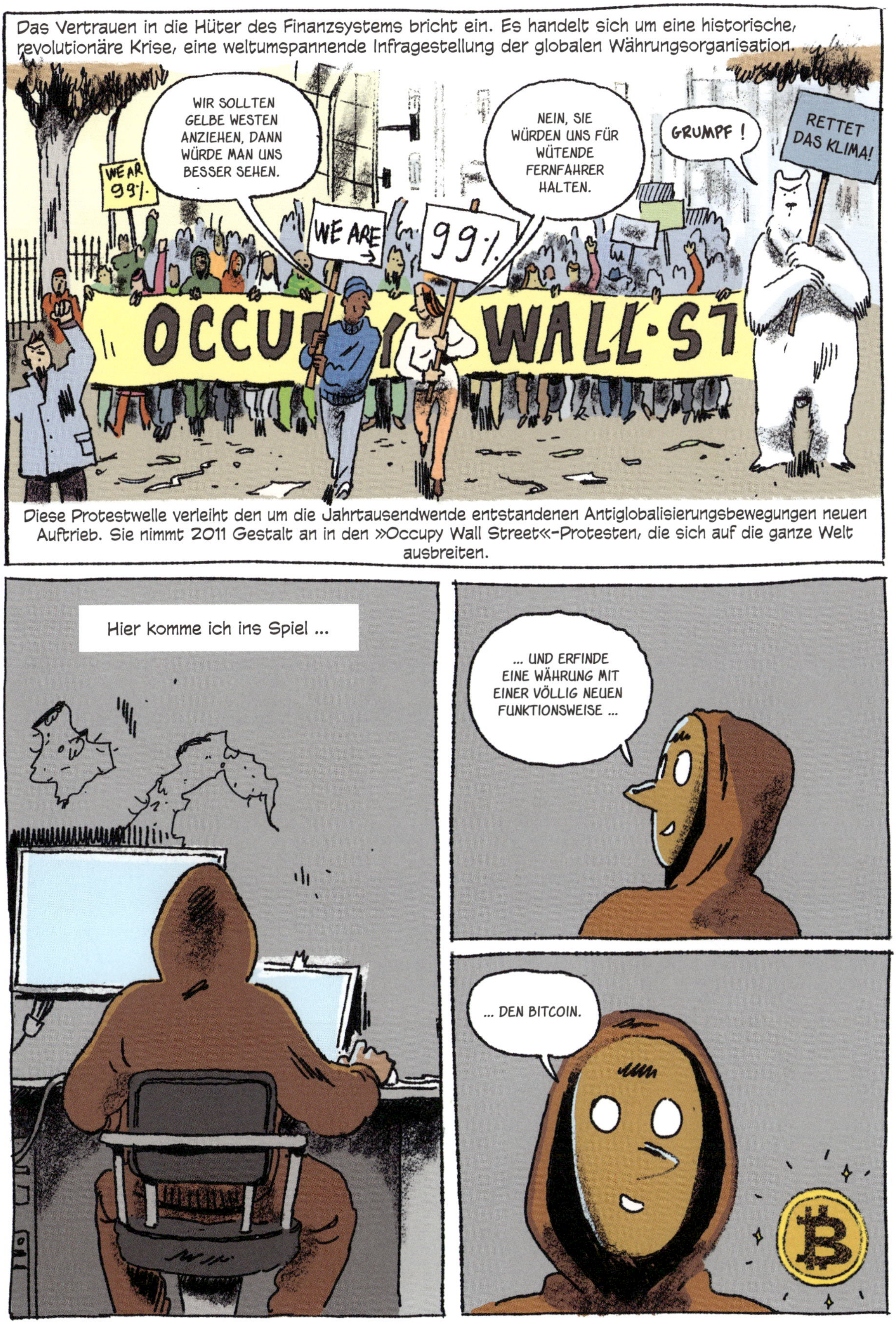
Das Vertrauen in die Hüter des Finanzsystems bricht ein. Es handelt sich um eine historische, revolutionäre Krise, eine weltumspannende Infragestellung der globalen Währungsorganisation.
WIR SOLLTEN GELBE WESTEN ANZIEHEN, DANN WÜRDE MAN UNS BESSER SEHEN.
NEIN, SIE WÜRDEN UNS FÜR WÜTENDE FERNFAHRER HALTEN.
GRUMPF !
RETTET DAS KLIMA!
WE AR 99%.
WE ARE
99%
OCCU WALL·ST
Diese Protestwelle verleiht den um die Jahrtausendwende entstandenen Antiglobalisierungsbewegungen neuen Auftrieb. Sie nimmt 2011 Gestalt an in den »Occupy Wall Street«-Protesten, die sich auf die ganze Welt ausbreiten.
Hier komme ich ins Spiel ...
... UND ERFINDE EINE WÄHRUNG MIT EINER VÖLLIG NEUEN FUNKTIONSWEISE ...
... DEN BITCOIN.

Am 1. November 2008 veröffentliche ich online das Bitcoin Whitepaper„ die offizielle Geburtsstunde dieser völlig neuartigen elektronischen Währung.
DABEI HANDELT ES SICH UM EIN VON STAATLICHEN BEHÖRDEN UNABHÄNGIGES SYSTEM FÜR DIREKTE DIGITALE ZAHLUNGEN ZWISCHEN PRIVATPERSONEN.
ICH UNTERZEICHNE DAS MANIFEST MIT DEM NAMEN SATOSHI NAKAMOTO. DOCH SCHNELL STELLT MAN FEST, DASS ES SICH UM EIN JAPANISCH KLINGENDES PSEUDONYM HANDELT, MIT DEM ICH DIE SPUREN VERWISCHE.
CLIC CLIC CLIC ...
Das Bitcoin-System ist ein Register digitaler Werteinheiten, die von den Mitgliedern des Systems besessen und gehandelt werden sollen.
Die Werteinheiten heißen Bitcoins und ihre Gesamtmenge ist auf die maximale Anzahl von 21 Millionen Exemplaren beschränkt.
21? WIE DIE ANZAHL DER SCHILLINGE, DIE ZU MEINER ZEIT 1 PFUND WERT WAREN? VIELLEICHT EIN HINWEIS AUF DIE NATIONALITÄT DES MYSTERIÖSEN NAKAMOTO?
Die Mitglieder dieses privaten Währungssystems müssen selbst zur Herstellung dieser Coins beitragen, bevor sie sie verwenden können.
Die ultrainnovative Technologie, die die Grundlage des Systems bildet, ist genauso wichtig wie der Bitcoin: Es ist die berühmte Blockchain.
NOCH STÄRKER ALS DIE MARXISTISCHE INFRASTRUKTUR!

WIE FUNKTIONIERT DIE BLOCKCHAIN?

Es handelt sich um eine Art großes digitales Register, in dem jeder frei lesen oder schreiben kann. Dieses System ist unangreifbar und unzerstörbar, d. h., was darin geschrieben wird, kann nicht mehr gelöscht werden.

Dieses Register wird von freiwilligen Informatikern, den sogenannten Minern, geführt. Alle zehn Minuten treten sie in Konkurrenz zueinander, um ein hochkomplexes mathematisches Problem zu lösen.
Der gewinnende Miner erhält das Recht, im Blockchain-Register eine neue Seite, den sogenannten Block, zu registrieren. Für jeden hinzugefügten Block erhält der siegreiche Miner eine bestimmte Menge an Coins.
Diese Coins bilden die auf den Markt gebrachte Kryptowährung, deren Masse sich wie bei jeder anderen Währung ständig vergrößert. Nur ist ihr Betrag auf Zeit künstlich begrenzt.
Um dieses Limit zu gewährleisten, wird die Belohnung in Bitcoins alle 210 000 Blöcke durch 2 geteilt – das ist die Regel. So wissen wir bereits, dass der letzte Bitcoin spätestens im Jahr 2140 ausgegeben wird!
WARUM DIE ANZAHL DER BITCOINS ZEITLICH BEGRENZT IST? NATÜRLICH, UM IHRE SELTENHEIT UND DAMIT IHREN WERT ZU SICHERN.
FÜR MEINE BERECHNUNGEN HABE ICH DIE WELTWEITEN GOLDVORKOMMEN SIMULIERT: INSGESAMT 240 000 TONNEN, VON DENEN 190 000 TONNEN BEREITS GEHOBEN WURDEN.

Lange Zeit wird dieses hochkomplexe Verfahren nur in dem Geek-Netzwerk, in dem es entstand, verwendet.
NATÜRLICH, DENN DIE SCHWIERIGKEIT DER ABZUWICKELNDEN TRANSAKTIONEN STEIGT JA AUCH MIT DER ZEIT!
IM JAHR 2022 MUSS EIN MINER IMMER NOCH 300 SEXTILLIONEN HASHES[1] DURCHFÜHREN, UM EINE BLOCKCHAIN-GLEICHUNG ZU LÖSEN. COOL, MAN!

Cyphers und Globalisierungsgegner sind daran gewöhnt: Experimente mit Kryptowährungen wurden bereits vor Bitcoin versucht.
ES GAB DIGICASH, B-MONEY, BITGOLD UND ANDERE.
KEINE VON IHNEN WAR ERFOLGREICH …

1. Das sind 3×10^{23}; »Hashes« sind mathematische Algorithmen, die in der Kryptografie verwendet werden.

ABER BEIM SEHR ERFOLGREICHEN BITCOIN-SYSTEM IST DAS ANDERS: DIE NACHFRAGE HAT EINEN KURSANSTIEG ERZEUGT, DER DIE AUFMERKSAMKEIT AUF SICH ZIEHT.
DER ERSTE COIN WAR WENIGER ALS 1 DOLLAR WERT. INNERHALB WENIGER JAHRE STIEG DER WERT AUF 20 000 DOLLAR.
$
80 000
60 000
40 000
20 000
2012
2014
2016
2018
2020
In der Folge beginnen sich Finanzexperten aus aller Welt dafür zu interessieren.
ES FUNKTIONIERT WIE DER AKTIENMARKT …
… MAN KANN ZUM RICHTIGEN ZEITPUNKT INVESTIEREN UND DANN WIEDER VERKAUFEN, GENAU!
In der Folge werden Strukturen für den Austausch von Bitcoins geschaffen, um den Handel zwischen Geschäftsleuten zu erleichtern und zu sichern …
NACH INDIVIDUELLER VEREINBARUNG … ONLINE-HANDELSPLATTFORMEN … ZENTRALISIERTER HANDEL …
OKAY, ES IST WIE AN DER WALL STREET.
… aber auch zwischen Privatpersonen, da viele Einzelinvestoren von den Versprechungen des Bitcoins angezogen werden.
OH, VERDAMMT, DER BITCOIN FÄLLT AB, ICH HATTE GESTERN NOCH WELCHE DAZUGEKAUFT!
WÄREN WIR DOCH LIEBER INS SPIELKASINO GEGANGEN.

Viele Länder überlegen, den Bitcoin als gesetzliches Zahlungsmittel einzuführen. Das erste Land, das den Schritt wagt, ist El Salvador.
WIR WERDEN NUN STAATSANLEIHEN IN BITCOIN AUSGEBEN, UM ENERGIEPROJEKTE ZU FINANZIEREN.
Nayib Bukele, Präsident von El Salvador, Bitcoin-Fan

DIESES KLEINE LAND IN SÜDAMERIKA IST DEM DOLLAR UNTERWORFEN: ES HAT NICHT EINMAL MEHR EINE LANDESWÄHRUNG[1].
DIE EINFÜHRUNG DES BITCOINS NEBEN DEM DOLLAR MARKIERT DAHER EINE FORM DER WIRTSCHAFTLICHEN EMANZIPATION ...

1. Seit 2001 und der Abschaffung des El-Salvador-Colón zugunsten des Dollars.

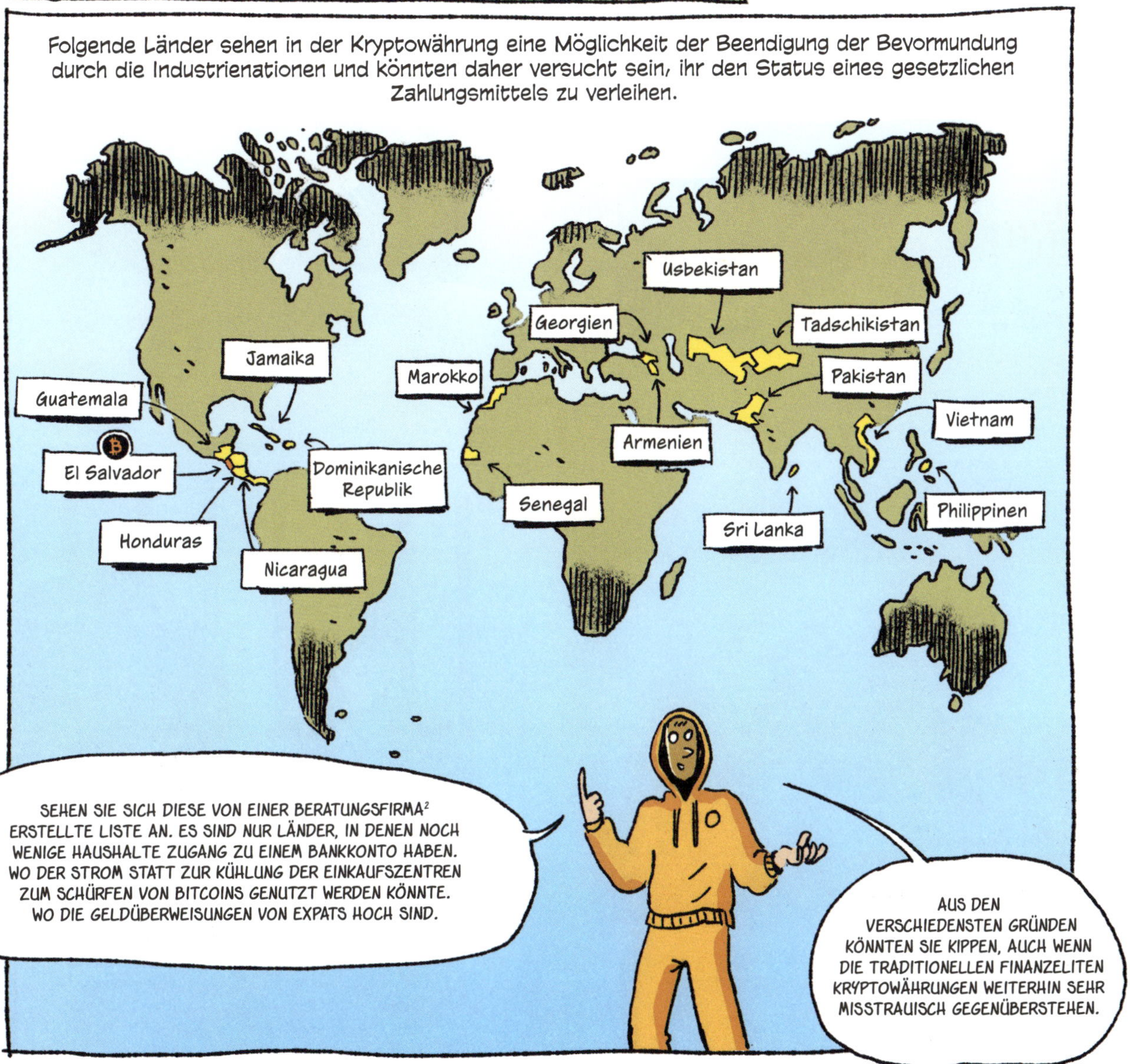
Folgende Länder sehen in der Kryptowährung eine Möglichkeit der Beendigung der Bevormundung durch die Industrienationen und könnten daher versucht sein, ihr den Status eines gesetzlichen Zahlungsmittels zu verleihen.
Usbekistan
Georgien
Tadschikistan
Jamaika
Marokko
Pakistan
Guatemala
Vietnam
Armenien
El Salvador
Dominikanische Republik
Senegal
Philippinen
Honduras
Sri Lanka
Nicaragua
SEHEN SIE SICH DIESE VON EINER BERATUNGSFIRMA[2] ERSTELLTE LISTE AN. ES SIND NUR LÄNDER, IN DENEN NOCH WENIGE HAUSHALTE ZUGANG ZU EINEM BANKKONTO HABEN. WO DER STROM STATT ZUR KÜHLUNG DER EINKAUFSZENTREN ZUM SCHÜRFEN VON BITCOINS GENUTZT WERDEN KÖNNTE. WO DIE GELDÜBERWEISUNGEN VON EXPATS HOCH SIND.
AUS DEN VERSCHIEDENSTEN GRÜNDEN KÖNNTEN SIE KIPPEN, AUCH WENN DIE TRADITIONELLEN FINANZELITEN KRYPTOWÄHRUNGEN WEITERHIN SEHR MISSTRAUISCH GEGENÜBERSTEHEN.

2. Siehe: *Les Perspectives cryptos pour 2022*, KPMG, 18. Januar 2022.

In der Tat erlauben die meisten Länder Transaktionen mit Bitcoins, ohne sie als eine gesetzliche Währung einzuführen. Das liegt ganz einfach daran, dass viele Händler sie akzeptieren.
BEI DIESER TRANSAKTION GIBT ES KEINEN AUSTAUSCH VON REALEN BITCOINS. ES WIRD LEDIGLICH DAS GUTHABEN BEIDER PARTEIEN VERÄNDERT.
Die in vielen Ländern eingeführten Regelungen sind sehr unterschiedlich, insbesondere seitens der großen Volkswirtschaften.
In den USA werden Bitcoins zunächst als Waren betrachtet, wenn sie nicht als offizielle Währung akzeptiert werden.
In Deutschland sind Gewinne aus Krypto-Assets, die von Privatpersonen mindestens ein Jahr lang aufbewahrt werden, steuerfrei.
In Südkorea müssen Kryptoanleger über ein Mindestkapital von 500 Millionen Won[1] verfügen.
In China sind Transaktionen mit Kryptowährungen, einschließlich Bitcoins, schlichtweg verboten.

1. Etwa 350 000 Euro.

Der Bitcoin ist in der Tat zunehmend umstritten. Seit Beginn des Krieges in der Ukraine versuchen die Amerikaner, die Ströme von Kryptowährungen zu verhindern, die Russland zur Umgehung von Finanzsanktionen verwendet.
HAST DU SCHON GEHÖRT? BIDEN WILL KRYPTOWÄHRUNGEN IN AMERIKA BESTEUERN, UM DEN VERBRAUCH VON STROM ZU REDUZIEREN.
IST MIR EGAL, ICH HAB LETZTE WOCHE MEIN ETHER-PORTFOLIO[1] VERKAUFT.

1. Ethereum: Ether ist nach Bitcoin die am zweithäufigsten verwendete Kryptowährung.

Und immer wieder …
PECUNIA EST NERVUS BELLI.
Cicero

Die internationale Gemeinschaft kritisiert vor allem den enormen CO_2-Fußabdruck, der durch das »Schürfen« entsteht.
EIN VIERTEL DES STROMS, DEN ALLE RECHENZENTREN VERBRAUCHEN, WIRD ALLEIN FÜR DIE PRODUKTION VON BITCOINS VERWENDET[2] …
WAS WIR BRAUCHEN, SIND BIO-BITCOINS!

2. Genau 23 Prozent, d. h. etwa 153 Terawattstunden pro Jahr, laut einer Studie des Cambridge Bitcoin Electricity Network.

Außerdem unterliegen Kryptowährungen denselben Unwägbarkeiten wie alle börsennotierten Wertpapiere: Sie sind instabil und fallen auf den Märkten manchmal abrupt ab.

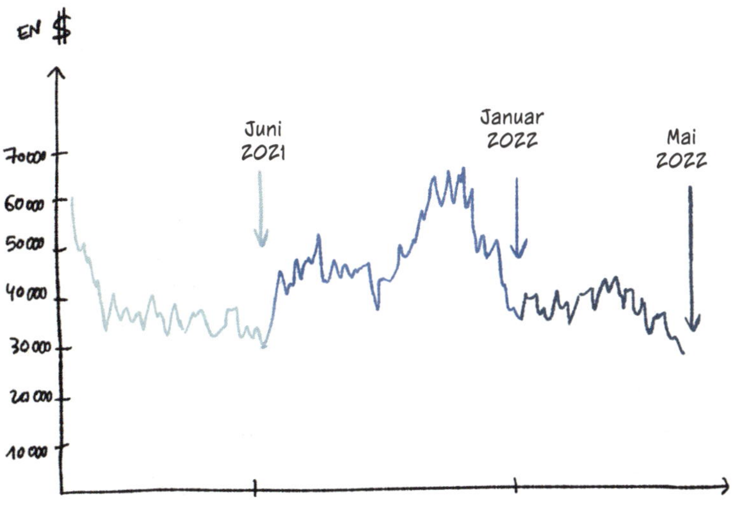
EN $
70 000
60 000
50 000
40 000
30 000
20 000
10 000
Juni 2021
Januar 2022
Mai 2022

Aus all diesen Gründen bezweifeln viele Experten, dass Kryptowährungen jemals das offizielle Geld ersetzen werden.
Olivier Bossard, HEC Paris, Finanz- und Krypto-spezialist
DER BITCOIN ALS SOLCHES HAT KEINE ZUKUNFT, SEIN WERT WIRD AUF NULL SINKEN.

DAS PROTOKOLL, DAS ICH URSPRÜNGLICH ENTWICKELT HABE, BESTAND JEDOCH DARIN, DEN MENSCHEN WIEDER EINE WÄHRUNG ZU GEBEN, DIE IHNEN GEHÖRT.
Hören Sie hier, was Gavin Andresen, der Entwickler, an den ich die Bitcoin Foundation übergeben habe, sagte …
DER BITCOIN IST ALS EINE DEZENTRALISIERTE WÄHRUNG GEDACHT, DIE DEM VOLK ZURÜCKGEGEBEN WIRD, SOZUSAGEN EINE VERBESSERTE VERSION VON GOLD[1]!
BRAVO!
YEAH!

1. Die anfängliche Berechnung des Minings basiert auf den Goldressourcen.

JA, INSIDER WISSEN, DASS ICH BEREITS AB 2010 ZUNEHMEND VON DER BILDFLÄCHE VERSCHWAND.
ICH ZOG MICH ABSICHTLICH ZURÜCK, NACHDEM DAS UNANGREIFBARE SYSTEM BITCOIN GESTARTET WAR …
ABER SEITDEM BEOBACHTE ICH DISKRET DIE COMMUNITY, WIE SIE SICH VORSTELLEN KÖNNEN.

Denn das eigentliche Problem liegt im Konzept der Blockchain selbst. In Bezug auf Geld ermöglicht diese Technologie die Übertragung von Werten: Inhaberpapiere sind Originale und keine Kopien.
DIE BLOCKCHAIN GILT ALS TECHNOLOGISCHE REVOLUTION IN ALLEN BEREICHEN, EINE REVOLUTION, DIE DEM PERSONAL COMPUTER IN DEN 1970ER-JAHREN UND DEM INTERNET IN DEN 1990ER-JAHREN IN NICHTS NACHSTEHT!
FANTASTIC!
YEAH!
Marc Andreessen, Ex-Mosaic, Ex-Netscape, führender Investor in neue Technologien
Eine neue Form der Währung einzuführen ist keine leichte Aufgabe. Einer der mächtigsten multinationalen Konzerne der Welt ist 2022 daran gescheitert: Facebook mit seiner Libra.
facebook
Meta
ÄHM ... EINE FRAGE DER KNAPPEN VERFÜGBARKEIT ... UND AUCH DES VERTRAUENS ... UND MANGELNDER EINFLUSS ... AUCH NICHT SEHR GUT ORGANISIERT ...
UND MÜNZEN MIT MEINEM PROFIL, WÜRDE DAS NICHT FUNKTIONIEREN?
Heute wie damals ist Geld überall. Es wird sogar in gut besuchten Pariser Kunstausstellungen thematisiert ...
PARDON, ICH SUCHE DIE WERKE VON CARL BARKS ... SIE WISSEN SCHON, DAGOBERT DUCK?
?!
Ausstellung L'Argent dans l'art, Monnaie de Paris, 2023.
Der Bitcoin ist nur der letzte Avatar in einer langen Reihe von Innovationen, die die Finanzwelt seit den Anfängen um neue Ideen bereichern!
JETZT VERSTEHEN SIE SICHER, WARUM ICH IHNEN DIE GANZE GESCHICHTE ERZÄHLEN WOLLTE ...

NUN IST ALLES GESAGT, JETZT MUSS ICH VON DER BILDFLÄCHE VERSCHWINDEN.

SIE SUCHEN MICH, ABER SIE WERDEN MICH NICHT FINDEN.

DANK

Mein besonderer Dank gilt Olivier Bossard, Professor für Finanzwissenschaft, Exekutivdirektor des MSC Finance an der HEC Paris, für seine Ratschläge und das Korrekturlesen. Unser begleitender Erzähler, der im Jahr 2021 auf einer Tischdecke entworfen wurde, hat ihm viel zu verdanken.

Dieses Buch wäre ohne das Werk des viel zu früh verstorbenen politischen Anthropologen David Graeber (1961–2020) nicht denkbar gewesen. Sein Meisterwerk über Schulden ist das bedeutendste Werk, wenn es darum geht, die Rolle des Geldes im Laufe der Jahrhunderte zu verstehen.

Dank auch an Dov Zerah, ehemaliger Chef der Monnaie de Paris (2002–2007).

Schließlich danke ich meiner Lektorin Hélène de Virieu für ihre Hartnäckigkeit und Geduld bei einem der vielschichtigsten Themen, die es gibt! Und auch dem gesamten Team von Arènes BD, mit dem die Arbeit nach wie vor ein ungetrübtes Vergnügen ist.

B. S.

QUELLENANGABEN & BIBLIOGRAFIE

Kapitel 1

Yuval Noah Harari, *Sapiens, Eine kurze Geschichte der Menschheit*, 2013, (2011).

David Graeber, *Schulden: Die ersten 5000 Jahre*, 2012 (2011).

Alfred Mitchell-Innes, in David Graeber, *Schulden: Die ersten 5000 Jahre.*

Natacha Triou, »Par ici la monnaie«, in »Eurêka«, 22. Juli 2021.

Yuval Noah Harari, *Sapiens, Eine kurze Geschichte der Menschheit*, 2013, (2011), S. 236ff.

Michel Bruguière, »Histoire de la monnaie«, in *Encyclopædia Universalis* (online).

Kapitel 2

Herodot, *Historien*, 5. Jh. v. Chr.

Peter L. Bernstein, *Die Macht des Goldes: Auf den Spuren einer Faszination*, 2005 (2000).

Das Buch Exodus, Kapitel 25.

Tacitus, *Annalen (1, 17, 4)*, 117 n. Chr.

Kapitel 3

Über die verschiedenen chinesischen Währungen:

Lyce Jankowski, »Histoire de la monnaie en Asie orientale«, in *Encyclopédie des historiographies: Afriques, Amériques*, 2020.

Joanne P. Baron, »Making money in Mesoamerica: Currency production and procurement in the Classic Maya financial system«, *Economic Anthropology*, Juni 2018.

David Graeber, *Schulden: Die ersten 5000 Jahre*, 2012 (2011).

»Premiers billets ou ›papier-monnaie‹ en Chine«, Artikel des Museums Citéco (online).

»La monnaie en Asie«, in *Encyclopædia Universalis* (online).

Jean-Marie Albertini, **Véronique Lecomte-Collin** und **Bruno Collin**, *Histoire de la monnaie*: *du troc à l'euro*,, 2000.

Kapitel 4

Jean Rivoire, *Histoire de la monnaie*, 1985.

David Graeber, *Schulden: Die ersten 5000 Jahre*, 2012 (2011), S. 319–389.

Pierre Edoumba, »Aperçu sur les monnaies d'Afrique«, in *Revue numismatique*, Bd. 157, 2001.

Jacques Attali, *Les Juifs, le monde et l'argent*, 2002.

Alain Rey, *Dictionnaire historique de la langue française*, 2022.

Benoist Simmat und **Stéphane Douay**, *L'Incroyable histoire de la cuisine*, 2021.

Cécile Bresc, »Les monnaies arabes des souverains chrétiens (IXe-XIIIe siècles)«, in *L'Expansion occidentale (XIe-XVe siècles). Formes et conséquences: XXXIIIe Congrès de la Société des historiens médiévistes de l'enseignement supérieur public*, 2003.

Alain Demurger, *Les Templiers, une chevalerie chrétienne au Moyen Âge*, 2005.

Jules Piquet, *Des banquiers au Moyen Âge, les Templiers. Étude de leurs opérations financières*, 1939.

Daniel Cohen, *La Prospérité du vice, une introduction (inquiète) à l'économie*, 2009.

David Graeber und **David Wengrow**, *Anfänge: Eine neue Geschichte der Menschheit*, 2022 (2021).

Robert Heilbroner, *Die Denker der Wirtschaft*, 2006 (1953), S. 105–134.

Kapitel 5

Tristan Gaston-Breton, *»Quand les marchands de Venise dominaient le monde«*, in *Les Échos*, 05. August 2013.

Fernand Braudel, *Das Mittelmeer und die mediterrane Welt in der Epoche Philipps II.*, 2019 (1949).

Doris Stöckly, *»Le système de l'incanto des galées du marché de Venise: un exemple de réseau mis en place par un État«*, in *Espaces et Réseaux en Méditerranée VIe-XVIe siècle*, vol. II, 2007.

Olivier Bossard, *Introduction à la finance*, 2019.

Peter L. Bernstein, *Die Macht des Goldes: Auf den Spuren einer Faszination*, 2005 (2000).

William Prescott, *Geschichte der Eroberung von Peru*, 2012 (1847).

Jean-Marc Daniel, *Histoire vivante de la pensée économique*, 2010.

Yves Aguila, »Monnaie et société en Nouvelle Espagne«, in *Bulletin hispanique*, Bd. 95, 1993.

Kapitel 6

Alain Plessis, »1694: Londres invente la banque centrale«, in *L'Express*, 21. April 1994.

Jean Rivoire, *Histoire de la monnaie*, 1985.

Das Zitat von Keynes über Newton wurde frei übersetzt nach Peter L. Bernstein, *The Power of Gold*, 2000, S. 254.

Olivier Bossard, *Introduction à la finance*, 2019.

Über »Compagnie pour la réalisation d'une entreprise de grand avantage, mais dont personne ne doit savoir ce que c'est« oder »Erfolgreiches Unternehmen ... von dem aber niemand wissen darf«, siehe David Graeber, *Schulden: Die ersten 5000 Jahre*, 2012 (2011).

Nesrine Bentemessek Kahia, »CSM: La bulle des Mers du Sud, ou le ›too big to fail‹ avant l'heure«, in *L'Économie politique*, Nr. 48, 2010.

Über Adam Smith: Jean-Michel Servet, »La valeur de la monnaie« (Episode 1/4), in »Entendez-vous l'éco«, 29. April 2019.

Dominique Méda, »Bank Charter de 1844: Les billets valent-ils leur pesant l'or?«, in »Le pourquoi du comment«, 14. Januar 2022.

Kapitel 7

Jean Rivoire, *Histoire de la monnaie*, 1985.

Michel Aglietta und **André Orléan**, *La Monnaie souveraine*, 1998.

Guillaume Maujean, »Guerre des monnaies: un parfum des années 1930«, in *Les Échos*, 15. Oktober 2018.

Nathalie Versieux, **»La fausse monnaie de l'Holocauste«**, in *Libération*, 11. April 2007.

Emmanuel Lechypre, »La fantastique histoire du dollar«, in *L'Express*, 01. März 2004.

Measuringworth.com, Teil der Measuring Worth Foundation.

Benoist Simmat und **Vincent Caut**, *La Ligue des capitalistes extraordinaires*, 2015.

Forbes-Rangliste, 2023.

Naima Mohamud, »Mansa Moussa: l'homme le plus riche de tous les temps«, BBC Africa, 14. März 2019.

Guillaume Maujean, *Les seigneurs de l'argent: Des Médicis au Bitcoin*, 2020.

Kapitel 8

»Comprendre les blockchains: fonctionnement et enjeux de ces nouvelles technologies«, französischer parlamentarischer Bericht, Nr. 584 (2017–2018), eingereicht am 20. Juni 2018 im l'Office parlementaire d'évaluation des choix scientifiques et technologiques.

Olivier Bossard, *La Grande aventure du bitcoin et de la blockchain*, 2022.

Das Zitat von Michael Lewis ist entnommen und adaptiert aus seinem Buch *Flash Boys*, 2016.

Das Interview mit Gavin Andresen ist entnommen und adaptiert aus einem Artikel von Andy Greenberg, »Crypto Currency«, Forbes, 20. April 2011.

Jean-Marc Vittori, »L'échec passionnant du libra de Facebook«, in *Les Échos*, 24. Oktober 2019.

Titel der Originalausgabe: *L'incroyable histoire de l'argent – ou les enjeux de la richesse*

Deutsche Erstausgabe

Ein Unternehmen der Média-Participations

Projektleitung: Emma Oeding, Knesebeck Verlag
Übersetzung: Antje Riley, Berlin
Umschlagadaption: Fabian Arnet, Knesebeck Verlag
Lektorat und Satz: Christine Schnappinger, München
Herstellung: Arnold & Domnick, Leipzig
Druck: GPS Group
Printed in Bosnia and Herzegovina

FSC www.fsc.org MIX Papier | Fördert gute Waldnutzung FSC® C118234

ISBN 978-3-95728-838-7

www.knesebeck-verlag.de

ALGORITHMEN DER FASZINATION – DIE WELT DER KI

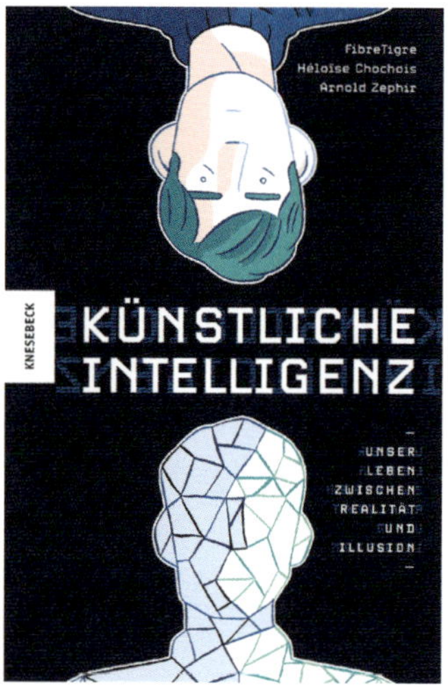
FibreTigre
Héloïse Chochois
Arnold Zephir
KNESEBECK
KÜNSTLICHE INTELLIGENZ
UNSER LEBEN ZWISCHEN REALITÄT UND ILLUSION

Sie kann im Handumdrehen Texte erstellen, optimiert Parkplätze und erkennt Terroristen unter Tausenden von Anwesenden: künstliche Intelligenz. Aber was steckt hinter den Algorithmen der KI, die unseren Alltag mitgestalten? In dieser Graphic Novel blicken zwei Programmierer auf die Geschichte und die Anfänge ihrer KI-Schöpfung zurück. Dabei erklären sie anschaulich und verständlich die grundlegenden Mechanismen wie *Deep Learning* oder *Long-Short-Term-Memory* und behandeln ethische Fragen, die sich aus der neuen Technologie ergeben. Eine intensive und zugleich verständliche Auseinandersetzung.

Arnold Zephir, FibreTigre, Héloïse Chochois

KÜNSTLICHE INTELLIGENZ

Unser Leben zwischen Realität und Illusion

Übersetzt von Sarah Pasquay
17,7 x 25,4 cm, gebunden, 192 Seiten
978-3-95728-837-0